細說漢朝風雲人物

曹金洪　編著

目次

馳騁疆場的武將

賢臣輔國留英名

志士建功立業展壯懷

前言

在中國歷史上，大漢王朝是一個對後世有著深遠影響的王朝。從它的建立、崛起到後來的衰落，共經歷了四百年的光陰。在大漢王朝時期，無論是帝王，還是文臣武將、後宮嬪妃、奇才巨匠，都有著或流芳百世或鮮為人知的故事。他們在歷史的舞臺上演繹出了一幕幕令人動容的畫面。同時，大漢王朝還培養出了無數英勇神武的將軍，孕育出了諸多著名的政治謀臣、文人墨客。

縱觀歷史，沒有哪個王朝能像漢朝那樣令我們印象深刻，可以說，它的成就在中國歷史上是不容忽視的。據考究，大漢王朝的國力相當強盛，將軍們金戈鐵馬，東臨大海，西征西域，南征百越，北擊匈奴，為漢王朝乃至後世開疆拓土。在歷史運行的軌跡上，淮陰侯韓信、飛將軍李廣、大將軍衛青等人的出場尤為精彩：戰功赫赫的韓信因為被人猜忌無端處死；英勇神武的李廣為保衛大漢王朝立下汗馬功勞，令匈奴聞風喪膽；常勝將軍衛青，屢立奇功，為西漢解決了多年來的憂患。另外，作為謀士的蕭何、張良等也功不可沒，他們的出場為大漢王朝雪中送炭，他們的運籌帷幄為大漢王朝的根基打下了堅實的基礎。與此同時，發明造紙術的蔡倫、神醫華佗、撰寫《史記》的司馬遷、才華橫溢的司馬相如，均出自這個時代。當然，還有一些遺臭萬年的奸佞小人，他們也在歷史的畫卷上搶足了風頭。

本書主要從各個風雲人物的性格和事蹟出發，通過對人物的剖析，為讀者朋友還原出最為真實的歷史形象。同時，這些內容還為讀者朋友展示出了各個人物的命運以及王朝的變遷。

　　本書語言精練，結構精巧，全書共分為七章，若讀者朋友想瞭解大漢王朝的傳奇人物，不妨通過閱讀本書來尋找答案。

編著者 2012年5月9日

帝王的人生百態

「市井皇帝」劉邦

西元前二五六年，在沛縣的一個很平常的農家裡出生了一個小男孩，在他五十四歲的時候，竟成為了大漢朝的開國皇帝，是出身比較寒微的君王之一，他就是漢高祖劉邦。

對於漢高祖，民間有很多的傳說，其中最著名的便是赤蛇的故事。說的是劉邦的母親因為在電閃雷鳴的雨夜感應到了赤龍，也因此而懷上了劉邦。還有一種傳說是，有人給他的母帶來了一顆赤色珠子，他的母親服用後，便有了後來的劉邦。這兩個民間傳說雖有不同，但是我們也知道，赤色和漢高祖劉邦關係密切，幾乎可以說是他的幸運色，就連後來在他的成長道路上一些令人費解的事件也與赤色有關。

傳說中，漢高祖劉邦在起義前常常在一家酒店裡面喝酒，醉酒之後便直接躺在地上睡覺，有一回，店家竟然看到劉邦的頭頂上有一條赤龍在那裡盤旋。店家很是奇怪，從那以後，這位店家便免去了他的酒水錢。還有一個傳說是，劉邦剛舉起起義大旗的時候，還是像往常一樣，喝得醉醺醺的，在夜間趕路的途中，突然，出現了一條很大的白蛇攔住了他的去路，劉邦酒意未消，拔出自己腰間的佩劍，將白蛇殺死，隨後繼續趕路，又往前走了一段路，才搖搖晃晃地睡在路邊，這便是著名的斬白蛇奪天下的故事。

這個傳說讓很多的人認為他天生不凡，也吸引了很多人願意跟著他起義行事。

作為開國皇帝，漢高祖劉邦有兩個最大的優點：志向遠大、膽識過人。他的這兩種優勢是天生就有的，很早之前，他還是泗水亭長之時，看見當時秦始皇的出巡場面，宏偉壯觀，霸氣十足，劉邦就對此

大發感慨：

「唉，所謂大丈夫生來就應該是這樣的！」

劉邦小的時候就不喜歡讀書，年少的時候遊手好閒，無所事事，但是他待人接物卻是無比的豁達大度，當他還是泗水亭長的時候，便廣交了天下好友。如果劉邦出生在一個天下太平的年代，那麼他的一生也許就只能是平平庸庸、碌碌無為的在談笑間過去，不會有什麼大的成就。幸好他是生在一個亂世當中，他本就不會按部就班的過日子，道德觀念在他的心理也沒有什麼概念，但他天不怕地不怕的態度卻偏偏迎合了亂世之中的生存法則。人們說「時勢造英雄」，也正是因為當時秦朝政治腐敗，國君昏庸，才成就了劉邦的一生偉業。

秦二世元年，陳勝吳廣起義，劉邦的家鄉沛縣也跟著回應，蕭何與曹參提議讓樊噲找來了劉邦和他的手下。但當劉邦帶著自己的幾百人馬來到沛縣的時候，沛縣縣令害怕劉邦進城會對他不利，便緊關城門不讓劉邦等人的隊伍進城，甚至還派人要殺了蕭何和曹參。蕭曹兩人聽到風聲後，便連夜逃走投奔了劉邦，劉邦把一封信用箭射進了城中，上面寫著沛縣縣令的種種罪行，號召所有的父老鄉親同心協力除掉縣令，聯合起來保護自己，保護自己的家庭。

蕭何、曹參、樊噲等人經過一些兇險的遭遇，都已經決定跟隨劉邦了，他們號召身健體壯的人參加起義的隊伍，為國家出一份力。在他們三人的號召下，沒過多久，隊伍就已經擴大到了三千人。後來劉邦和項梁聯手，共同擁立了熊心為楚懷王，而也正是從這個時候開始，劉邦和項羽便同屬於一支軍隊的名下了。

西元前二〇六年的八月，漢高祖劉邦帶著自己的軍隊攻入關中，當時的秦朝皇帝子嬰投降，這也意味著秦朝的滅亡。當劉邦攻陷咸陽後，就被宮殿的宏大輝煌和無數的奇珍異寶所吸引，打算長久地定居在咸陽宮裡，過自己的太平日子。聽了他的這個想法，大將樊噲和謀

士張良勸說劉邦，並且告訴他不能因為眼前的一點小利益，而忘記了自己的宏偉目標，一句話讓劉邦立即清醒了，於是劉邦便將咸陽宮裡所有財物全部封存，自己與將士們一起在軍中居住。

也就是在這個時候，劉邦和城裡的老百姓建立了濃厚的感情。他把秦朝的嚴酷律法廢除，還宣佈了自己的約法三章：「隨意殺人者處死，而動手傷人或者是偷盜的人抵罪。」這個宣言雖然很簡短，但是卻令咸陽的百姓們高興不已，從此之後，「約法三章」成為了安撫政策中一個很有效的措施。

劉邦的這種態度讓關中百姓都比較喜歡他，很多老百姓還拿著牛羊酒食去軍隊送給他們，但是，卻被劉邦謝絕說：「軍隊的糧食還有很多，實在是不必勞煩百姓。」這一舉動更是讓城中的父老鄉親對他敬愛有加，每個人的心中都希望劉邦可以成為他們的君主。但是亂世之中是非多，看著這不斷變化的局勢，劉邦他們也擔心中途會發生什麼出人意料的變故。

接著便有了歷史上著名的鴻門宴的故事，這也是比較精彩的政治故事之一。在這個事件中，劉邦和項羽的身邊都有幾個能人輔佐他們。劉邦身邊有曹無傷、張良和樊噲等，而項羽身邊則是項伯、范增和項莊等。雖然他們幾個人的身份相似，但是他們之間所起到的作用和最終的結果卻是天差地遠了。這場較量幾乎濃縮了劉項爭鬥的過程，劉邦的勝利和項羽的失敗早就從這個時候已經注定了。

在這一場較量中，一方是一個做事莽撞的真正英雄，而另一方則是機敏聰明的地痞無賴。這場較量的最終結果便是天下歸了無賴，傳奇成就了英雄。雖然楚漢之爭早就已經成了人們耳熟能詳的事件，我們有很多的人會為楚霸王項羽的失敗而感到惋惜，但是漢高祖劉邦的勝利也絕非偶然。如果說用道德標準來評判一個人的話，劉邦是一個一無是處的混混；但是如果從政治角度來評斷一個人的話，劉邦無疑

是一個很出色的政治家、領導者，一個成功的開國皇帝。

西元前二〇二年，劉邦登基為帝，大漢朝成立，其都城位於洛陽。因為漢高祖劉邦是平民出身，又親眼目睹了秦朝的滅亡，劉邦對於百姓的困難生活都是感同身受，他登基以後，便很用心的選擇一種最溫和的方式來治理國家。並且還採取了一系列有利於人民的政策和措施，維持了正常的社會秩序，因而深得百姓的愛戴。

漢高祖劉邦對於自己的缺點和優點都有自知之明。他知道在很多的地方自己都不如身邊的很多人，而自己最大的優點便是知人善任，對於別人好的建議會悉心採納。作為一個國家的統治者，常常會有人根據時下的形勢給劉邦提出建議，因此這也是他能夠在許多複雜的情況下做出正確決定的主要原因，也是促使他成為一代賢君的重要力量。

人們把劉邦看成一個地痞混混，這僅是從劉邦個人行為的角度所作的評價，而如果從一個君王的角度來評價，劉邦就是一個有著遠大抱負的人，並且很有治理國家的才能，他的治國才能在他的統治生涯中表現得淋漓盡致。劉邦還很有文學才能，比如歷史上有名的〈大風歌〉，則是他晚年的時候回自己的家鄉沛縣，與父老鄉親一起飲酒時所作的。

劉邦到了晚年的時候，特別寵愛戚夫人，一直想著廢太子，改立戚夫人的孩子趙王為太子。但是謀士張良邀來了當時很有名氣的隱士來共同輔佐太子，這四位隱士，如果不是自願，劉邦自己都未必能邀請得來，劉邦看到這種情景，便打消了改立太子的念頭。當他病重的時候，一想到自己死後，自己的寵妃戚夫人和她的兒子將要遭遇厄運的時候，就痛心不已，所以趁自己還在世的這些日子，劉邦讓戚夫人為他跳了支舞，而自己是為她伴唱：

「鴻鵠高飛，一舉千里。羽翼以就，橫絕四海。橫絕四海，又可

奈何！雖有矰繳，尚安所施！」

　　這首詩歌或許是漢高祖劉邦一生中最溫情的作品。雖然劉邦是一個至高無上的君王，但是，他卻連保護自己寵妃和兒子的能力都沒有，實在是可悲可歎啊！漢高祖劉邦去世之後，呂后便將戚夫人與他的兒子殘忍地殺害了。如果劉邦地下有知，不知他會有何感想？

　　劉邦從小做事比較執著，更是有著遠大的抱負和理想，雖然劉邦本人似乎並沒有特別出色的軍事才能，但是他卻懂得網羅天下有識之士，知人善任，最終成為了一名優秀的統治者。劉邦南北征戰數十年，創建了大漢王朝，在位期間，又實施了一系列有利於人民生活和經濟發展的政策，為漢朝的強盛奠定了堅實的基礎。

承平啟亂的漢景帝

　　西漢建國初期，分封李氏家族為諸侯王，這些人的封地很大，實力也很強，他們擁有自己的軍隊，自置官職，導致政治和經濟力量也逐漸膨脹。劉啟即位之初，首要的重任就是該怎樣削弱藩王勢力，從而解除他們對漢室的威脅。在這個問題上，他充分採取了晁錯的主張。

　　晁錯認為，藩王中勢力最強、最危險的應該是吳王劉濞。劉濞是漢高祖劉邦的侄子，劉邦冊封吳王以後，就預料到他日後可能會生出反叛之心，很是後悔，但事已至此，只好靜以觀之。劉濞到達藩國，就開始收買人心，不斷發展勢力，企圖有一天時機成熟，奪取帝位。景帝還是太子時，劉濞與景帝發生了些過節，為此劉濞一直懷恨在心，於是，便加快了準備叛亂的腳步。景帝即位時，劉濞準備已將近四十年，自然成為了威脅大漢統治地位的最大的諸侯王。

　　晁錯「削藩」的主張遭到了竇嬰的反對，削吳的事也只好暫時耽擱了下來。吳王劉濞聽聞朝廷削藩的事，立即發動叛亂。他首先聯合楚王劉戊，達成叛亂盟約；緊接著，又打著誅晁錯、安社稷的幌子，聯合其它諸侯王起兵反叛。景帝前元三年正月，削吳的詔書一到，吳王劉濞就在廣陵起兵，以吳王為首，參加叛亂的一共有七個藩王，這就是歷史上著名的「吳楚七國之亂」。

　　景帝走投無路，在情急之下，只好決定殺晁錯，以安撫諸藩王。接著，景帝又派召太尉周亞夫、竇嬰等人為將軍，率兵平亂。

　　七國平定之後，景帝把叛王的封地做了一番規整，規定王國的行政大權以及官吏任免權集於中央，還裁減王國官吏，藩國的地位被取消。

　　除了平定七國之亂，在對民政策方面，漢景帝也做出了很大的貢獻。漢景帝初期，繼續奉行漢文帝的治國策略及方針，保持國家安定的局面，發展農業生產，休養生息、輕繇薄賦。為了達到這個目標，對內，他採取重農、薄斂、輕刑和教化的措施，對外採取繼續與匈奴和親的措施。

　　景帝即位的第二年正月，為了鼓勵百姓耕作，宣佈減免一半的田租。為了達到與民休息，促進農業的發展，景帝對使用民力這件事情上很是謹慎。在位期間，僅僅為自己修建了一個陽陵，其規模也不是很大。除此之外，再沒有興建其它的土木工程。在政治方面，漢景帝也是本著仁德之心治理國家，講究一切從簡。在刑法方面，景帝比較重視輕刑，反對酷刑。在思想領域方面，景帝信奉「無為而治」，學術上對諸子採取相容並蓄的態度，允許各家爭鳴。外交上，景帝繼續沿用漢初以來同匈奴和親的政策。景帝在前元元年曾經派陶青與匈奴商談和親的事情。以寬容之心對待匈奴的政策，保證了漢朝社會的安定局面，對人民的休養生息起了很大推動作用。

　　景帝在位期間，維護安定，輕繇薄賦，與民休息，為社會經濟文化的穩定和發展奠定了基礎，成為歷史生最繁榮的時期之一──「文景之治」，這個時期是西漢王朝的一個昇平時代。

　　在用人方面，漢景帝劉啟主張用人唯賢，所以才能夠開創下「文景之治」，他在政治、經濟、文化、司法、外交政策等方面的作為，與他的知人善任、是非分明是密不可分的，也與他生性溫柔敦厚、穆靜仁慈有著很大的關係。

　　對於一個君主來說，可以識才擇賢，實屬不易；能夠不以好惡來決策，做到是非分明，就更加不容易了。而在這兩方面，景帝都做得相當出色，是一個難得的賢明君王。

　　景帝在位十六年之久，於後元三年在未央宮中駕崩，終年只有四

十八歲。景帝死去，漢武帝劉徹即皇帝位。劉徹將景帝葬於陽陵，諡號「孝景皇帝」。

千古一帝──漢武帝

　　漢武帝，可謂是雄才大略，文治武功，是中國歷史上最偉大的皇帝之一。他使漢朝成為當時世界上最強大的國家，開創了西漢最繁榮鼎盛的時期，這個時期也是中國封建王朝所達到的第一個高峰。此外，漢武帝也是中國第一位使用年號的帝王。

　　小時候的劉徹喜歡學習，而且對儒學經典、馬上騎射、文學藝術，都頗有興趣。建元元年，劉徹繼承帝位，年僅十六歲。此前的「文景之治」，漢朝的經濟文化都得到了復蘇和發展，等到劉徹繼位時，國泰民安，家給人足，百姓安居樂業，朝廷統治穩定，一派祥和之氣。然而，在繁榮的背後卻隱藏著尖銳的矛盾。

　　漢武帝下定決心解決這些潛在的矛盾，他禮賢下士，招攬賢臣，以仁德治理天下。於建元元年下詔令全國推舉「賢良方正」之士。劉徹親自召見，詢問治國良策，史稱「賢良對策」。

　　與此同時，漢武帝著手政治改革，推行了許多利國利民的政治措施。但是，此時的政權還掌握在他的祖母竇太皇太后手中，竇氏族人開始進讒言，詆毀新政策，朝中逐漸形成了一個以竇太后為核心的反對集團，導致漢武帝的許多利民措施都不能順利實行。對此，漢武帝勞心費神。

　　建元六年，竇太皇太后逝世，漢武帝終於擺脫了束縛，立即下令清除竇太皇太后所有的親信黨羽，任田蚡做丞相，韓安國為御史大夫，開始了真正意義上的統治生涯。

　　漢初六七十年間，儒家思想風靡一時，儒家思想博大精深，包含了政治、哲學、教育、倫理各方面，內容包羅萬象，主張以「仁政」治天下，這恰巧符合了漢武帝的治國思想。董仲舒順應時代的要求，

提出了「罷黜百家，獨尊儒術」的思想，成為儒家的新代表。董仲舒的勤政愛民，以仁治國，「大一統」的思想主張，從封建社會統治的大局出發提出的方案，這些主張為漢武帝集權中央、統一思想、一統天下提供了強有力的理論依據，儒家思想有利於封建統治的長治久安，劉徹實行「罷黜百家，獨尊儒術」也是必然的。

漢武帝獨尊儒術，在全國興建太學，設五經博士，推行儒學教育體制。思想達到統一了，革新的絆腳石也就去掉了，漢武帝又推出了一系列的新政。首先是察舉制和徵召制的實行，這兩者的巧妙配合，使漢武帝網羅了大批人才。漢武帝直接或間接地把選拔官吏的權力掌握在自己手中，形成了以皇權為中心的官僚制度，使地主階級中下層的知識分子有機會踏上仕途，擴大了西漢王朝的統治基礎。與此同時，漢武帝大力加強中央集權統治。首先是削弱丞相的權力，壯大皇上的權利。為了進一步加強中央集權，漢武帝採取了「強幹弱枝」政策，極力地削弱地方割據勢力。漢武帝在打擊地方勢力的同時，還著手打擊地方官僚勢力，以削弱地方官吏的勢力，加強自己的統治。

剛繼位的漢武帝，一方面要抵禦諸侯王的侵犯，防止他們勢力膨脹對自己的統治造成威脅，一方面要利用血親來維持劉家的統治地位。主父偃雖為布衣，在治國方面卻很有見解，由於久不得志，便上書漢武帝，要求皇上召見他，這個人的膽子還真是大啊！主父偃向漢武帝建議可以實行「推恩令」來縮小諸侯王的地盤，削弱各諸侯國的實力，讓他們的子嗣各分得一份土地，勢力分散了，你不去打他們，他們自己就吵起來了，自然也就不用您擔心了。這些話簡直說到了漢武帝的心坎裡，立即下令執行「推恩令」。

漢武帝身為一位有作為的君王，在政治體制方面開設了中、外兩朝，朝廷內部形成了兩個分支：內朝是由大將軍及尚書為首組成，屬於決策機關；另一個是以丞相等人組成的外朝，屬於政務機關。這樣

的政治改革使工作效率得到提高，官僚的勢力也得到分散，即鞏固了封建統治地位，也徹底解決了諸侯國尾大不掉的問題，進一步加強了中央集權，為漢初經濟和社會的進步做出了巨大的貢獻。

漢武帝在水利方面的成就也是不容小覷的，在其統治期間是中國歷史上水利事業得到較快發展的時期之一。水利建設同樣為大漢朝的經濟的繁榮及政治的穩定奠定了堅實的基礎。

漢朝定都長安以後，國家政治、經濟重心主要集中於關中和西北等地區，關中素有「八百里秦川」的美稱。為了推動農業生產及航運交通的發展，漢武帝在位期間先後修建了漕渠、龍首渠、六輔渠、白渠等水利工程。不僅如此，漢武帝還專門頒發詔令，要求各地注意興修水利，有力推動了全國水利建設的開展。水利建設，促進了關中地區經濟的迅速發展，是這裡成為當時全國著名的經濟開發區。

作為一位智勇雙全，雄才大略的帝王，漢武帝的成就也表現在開疆拓土、威名遠播上。自大漢建立至漢武帝即位，這幾百年間大漢與匈奴的戰爭從未停歇，而這也成為了漢武帝最棘手的事情之一。

漢武帝繼位後，改變一直以來的對外政策，積極做好抵禦匈奴的準備。建元三年，漢武帝派張騫出使西域，主動聯合大月氏，打擊匈奴。

建元六年，匈奴請求和親，漢武帝召集百官廷議。廷議過程中，漢武帝深知與匈奴和親的利害關係，但是漢朝現在的硬體設施準備的還不充足，如果和匈奴硬碰硬，勢必會兩敗俱傷，於是漢武帝勉強同意了和親。

元光二年，漢武帝再一次決定攻打匈奴，開始了與匈奴長達幾十年的戰爭。他任命大將軍衛青、霍去病等幾員猛將，在幾年的時間裡，收復了漠南、漠北、河西、河南地等大部分地區，開拓了漢朝的疆土，鞏固了中國的封建統治。

　　漢武帝給了匈奴致命一擊,制止了匈奴的野蠻掠奪,維護了漢朝邊郡的先進農業生產。此外,博望侯張騫出使西域,雖然沒有達成聯合大月氏抗擊匈奴的目的,但是對大西北的開發起到了舉足輕重的作用,不僅斬斷了匈奴右臂,而且打通了通往西域的道路,形成了溝通古代歐亞交通的「絲綢之路」。

　　漢武帝統治期間,還完成了對東南和南方的統一和對西南地區的開發。元封三年,漢武帝又發兵東北,降服了高句麗等郡,進一步加強了朝鮮與中原的經濟文化交流。從此,武帝威震四方。

　　漢武帝是一位深明大義、具有遠見卓識的軍事家、政治家,在其統治末期,可以看到以前政策中的錯誤,也標誌著武帝一生政策的一次大的轉折。自省之後,他改變了先前的政策,採取與民休息、思富養民的安撫政策,經過兩年的不懈努力,社會趨於安定,又開創了「昭宣中興」、媲美文景的繁榮盛世。

　　到此時,漢武帝已經是日薄西山。後元二年,漢武帝一病不起,在五柞宮駕崩,諡號「孝武皇帝」,葬於茂陵。

柔仁好儒的漢元帝

漢元帝劉奭是漢宣帝劉詢的大兒子，母親是許皇后。漢元帝是一位柔弱君王，他在位期間，西漢王朝逐漸衰落。

幼年的劉奭柔仁好儒，而宣帝素來雜用霸、王二道，而劉奭偏好純儒，作為父親，漢宣帝覺得兒子是一個性格懦弱的儲君，恐怕他不能知人善任，將來會是一個低能的皇帝。宣帝恐怕劉奭不能夠繼承重任，曾有意更換太子，又顧念與許皇后的夫妻情分，無奈之下還是把皇位傳給了劉奭。

果如宣帝所料，劉奭即位後，立即下詔改變了前皇帝的「雜用王霸」的傳統，主張獨尊儒術，尊師崇儒的政策。天下立刻變了一個樣，就連朝廷的大臣大多也都是他的師傅和學生。

元帝大肆重用儒生，對他們委以重任，國家大事也召見他們來商議。在漢元帝起用的儒生裡，有不少人的性格極其耿正，這些人敢於進諫良言。元帝重視儒學，以仁德治天下，因而對於那些敢於直言進諫的儒生多不怪罪。元帝在位期間，大臣中多是漢代頗具盛名的經學大師。漢元帝整日與這些人混在一起談論儒學，對政事漠不關心，朝野上下對元帝怨聲載道。

這還不是最可氣的，元帝不僅尊師重儒，還寵奸任佞，許多奸佞小人雲集於朝廷要樞，對於這些小人，元帝還寵信有加，言聽計從。其中最主要的一個人就是石顯，他依仗著元帝對他的寵信，掌握著朝政大權，形成以自己為核心的黨羽，為非作歹，無惡不作，一直到成帝即位。

元帝統治期間，匈奴的勢力也逐漸衰落，邊郡處於相對安寧的狀態，不過有時也會發生一些小矛盾，但都能夠及時得到處理。對於怎

樣處理邊境問題，元帝也總是召集大臣進行商討，昏庸的元帝對於這件事提不出自己的見解，對於大臣的討論，往往採取在爭論中占上風的人的意見和主張。

在武帝開拓南疆時，曾經在今海南島嶼增設珠崖、儋耳二郡，因為漢朝官僚對百姓進行殘酷壓迫，苛捐雜稅繁多，徭役繁重，經常遭到百姓的武裝反抗。元帝在位第二年，珠崖山南縣百姓受不了壓迫，起兵反漢，好幾年才得以平靜。元帝曾召集群臣進行商討，本想調重兵前去鎮壓。但可笑的事，漢元帝竟然採納了賈捐之的主張，出於「仁道」，決定放棄海南珠崖郡。初元三年，元帝下詔宣佈現罷除珠崖郡，郡中百姓若願意屬漢，朝廷一定妥善安置，若不願屬漢，也不勉強。就這樣，叛亂算是安撫下來了。永光二年秋，隴西郡首領反叛漢朝，元帝再一次召集大臣們討論對策。這一次不同，雙方僵持不下，元帝聽雙方講的都很有道理，最後投票決定，票數多的一方取勝。最後的決定是馮奉世率軍進軍隴西郡，於當年年底平定了羌人的叛亂。

漢元帝的成功之處表現在外交政策上，在元帝在位期間，大漢與北方的匈奴重修舊好，胡漢和親。元帝即位的時候，匈奴勢力已經衰弱，加之內部矛盾不斷。呼韓邪單于歸順大漢，漢元帝輸送糧草進行支持，單于感恩戴德，要求與漢朝和親，元帝倍感欣慰，欣然答應。將王昭君賜予呼韓邪單于，而後就有了歷史上著名的「昭君出塞」。

漢元帝為振興國家，維護統治，也採取了一些利國利民的政策，但最終因為積弊太深，而元帝本人又柔弱無能，再加上奸臣當道，聽信讒言，未能如願。

元帝晚年，身患重病，對於政事更是力不從心，再加上他生性柔弱，貪圖安逸，就更無心管理朝政。由於他不喜歡皇后和皇太子，所以另立儲君的欲望也在他心中滋生，但是，這卻遭到了大臣們的反

對，大臣跪著哭訴請元帝打消念頭，表示願意輔佐皇太子，只要皇上改變主意，元帝看到這種情況，痛苦難耐，漸漸地就放棄了易儲君之念。

　　竟寧元年（西元前33年）五月，元帝死在未央宮裡。元帝在位僅有十六年，終年也只有四十三歲，死後被葬於渭陵，諡號「孝元皇帝」。平帝元始四年，尊廟號為「高宗」。竟寧元年（西元前33年）六月，太子劉驁即位，就是漢成帝。

漢哀帝與他的「斷袖之愛」

　　劉欣身為藩王，一般情況下是不能做皇帝的。但由於成帝一直無子，他便有了機會。元延四年（西元前9年），成帝決定選一位藩王為太子，所議人選一個是其弟中山王劉興，一個就是劉欣。正好這時中山王和劉欣都來入朝，成帝就借機對二人進行考核。劉欣入朝有太傅、國相、中尉陪同，中山王卻只有太傅侍從。成帝首先考問劉欣：「為什麼把太傅、國相、中尉都帶著入朝？」劉欣回答說，按規定諸侯王來朝可由國中二千石官陪同，傅、相、中尉都是二千石官，所以就讓他們陪著入朝。成帝又讓劉欣背《詩》，他不僅背得非常流暢，還能解說其中意義。而成帝考問中山王為什麼只帶太傅一人入朝，中山王卻回答不出。讓他背《尚書》，也背不出。以後賜宴，中山王又很貪吃，以至吃得太飽不得不把褲帶解開。這樣一來，成帝深感劉欣有才，再加上祖母傅太后偷偷送了許多財禮給成帝寵愛的趙皇后和外戚驃騎將軍曲陽侯王根。第二年，成帝就下詔立劉欣為太子。

　　劉欣被立為太子後，並沒有得意忘形，他反而向成帝謙遜地說：我的才能還不足以任太子，陛下您聖德寬仁，肯定還會有兒子。我現在只願意在您身邊朝夕侍奉，一旦您有了聖嗣，我就歸國守藩。成帝聽了以後更加高興，於是下詔立劉欣父親劉康為定陶王，享受王祀，以獎勵劉欣太子。不久，綏和二年（前七年）三月，成帝猝然駕崩，劉欣繼承皇位，是為哀帝，時年十九歲。

　　哀帝以藩王入繼大統後，頭腦相當清醒。他深知西漢王朝正潛伏著巨大的統治危機：一方面外戚王氏把持著朝中大權，不斷收買人心，網羅死黨，覷覦著漢家天下；另一方面官僚、貴戚又不恤國事，生活奢侈腐朽，人民怨聲載道。哀帝在位七年，幾乎是竭盡全力試圖

來挽救危機，力圖起死回生。

即位伊始，哀帝就針對王氏專權，極力削奪其權。不過，他的政策是又拉又打。即位之初，他曾以曲陽侯王根以前為大司馬定策立自己為太子有功，太僕安陽侯王舜輔導有舊恩，新都侯王莽憂勞國家，增封王根二千戶，王舜五百戶，王莽三百五十戶。但不久就使司隸校尉解光劾奏王根、王況（王根之侄），然後下詔遣王根就國，免王況為庶人。又過了兩年，哀帝命有司奏王莽前為大司馬貶抑尊號之議有虧孝道，及平阿侯王仁（王譚之子）藏匿趙昭儀親屬，皆使就國。但哀帝也不把事情做絕，他在削弱了王氏權力後，對他們還保留了一定的待遇。不久，他就重封王商次子（長子為王況）王邑為成都侯。元壽元年（西元前2年）因日食，又徵王莽、王仁還京師侍王太后。經過這一番努力，儘管王氏還有不少羽翼，但朝中大權已基本被奪回到哀帝手裡，王氏的氣焰也受到沉重打擊。

哀帝在削奪王氏權力的同時，即封拜外家丁、傅之屬，任命丁明為大司馬驃騎將軍、丁望為左將軍、傅喜為右將、傅晏為大司馬等。但哀帝封拜丁、傅目的是削奪王氏權力，他也並不把實權交給他們，只是使其尊貴而已。

在削奪王氏權力、抓緊皇權的同時，哀帝也極力試圖緩和階級矛盾。他一即位，就下詔罷樂府官，以求百姓節儉。接著，又針對土地兼併盛行、奴婢數量猛增現象，下詔議限民田宅和奴婢數量。同時，還下令廢止齊國三服官（管理製造絲織服裝的官員）。但形勢積重難返，貴戚、大官僚為了維護既得利益，對此都表示反對，哀帝只好下詔暫緩實行。

改良不行，哀帝又試圖在精神上搞整頓，演出一場「再受命」的劇碼。所謂「再受命」，就是漢王朝繼漢高祖得到天命代替秦王朝後，又再次得到天命，以繼續統治。於是在建平二年（西元前5年）就

下詔宣佈，把建平二年改為「太初元將元年」，自己改稱為「陳聖劉太平皇帝」，從而表明已經「再受命」了。但這套把戲不僅欺騙不了多少人，還給人一種漢家真是氣數已盡的感覺，就連哀帝自己也覺得荒唐。所以，僅僅兩個月後，哀帝就下詔宣佈：這種「再受命」違經背古，不合時宜，予以廢除。至此，哀帝可謂迴天乏術了，漢王朝統治的衰弱也正始於此。

哀帝生活上較為儉樸，不好聲色。他即位不久，就針對當時靡靡之音盛行之風下詔罷樂府官，並反對貴戚生活奢僭。而且，他在宮中也沒有廣立嬪妃。哀帝除了皇后，只立有一個昭儀。皇后即傅皇后，係哀帝祖母傅太后的從弟傅晏之女。哀帝為定陶王時，傅太后為重親配以成婚，哀帝立為太子後，被立為太子妃，哀帝繼位，即立為皇后。昭儀即董昭儀，係哀帝男寵董賢之妹。

董賢在成帝末年任太子舍人，哀帝繼位後，他隨太子官屬升為郎官，最初哀帝對他並不注意，後來一次董賢在殿下傳報時刻，哀帝發現他長得很漂亮，於是拜為黃門郎，從此寵愛萬分。

董賢不久就被任為駙馬都尉侍中，他出則和哀帝同輦，入則侍從哀帝左右，甚至經常和哀帝一起臥坐。一次午睡，董賢與哀帝同床，哀帝醒後發現衣袖被董賢身體壓住，他想起床卻發現董賢還沒有醒，為了不把董賢弄醒，就用刀把衣袖割斷。而董賢也對哀帝極盡其柔媚之能事，每次休假，都不肯出宮，留在哀帝身邊照看醫藥。這進一步博得了哀帝的歡心，因此，他下令召董賢妻和董賢一起住在宮中。同時又封董賢之妹為昭儀，遷董賢父為少府、岳父為將作大匠、內弟為執金吾。然後為董賢在北闕下修建別墅，並預起墳在義陵之旁，賜以金縷玉衣以及武庫禁兵和尚方珍寶。後來，哀帝又下詔封董賢為高安侯，不久又增封二千戶，丞相王嘉反對，即迫令自殺。到元壽元年的九月，為尊崇董賢，哀帝竟罷免大司馬丁明，而以董賢代之。

　　哀帝所以寵幸董賢，有難言的苦衷。當時，西漢王朝已陷入嚴重的統治危機，雖然試圖竭力挽救，結果卻都失敗，這使他對前途感到恐懼；加之身體有病，不能多近女色，所以只好從董賢這個男寵身上尋求安慰。另一方面，朝中派系林立，鑒於王氏專權，他對哪派都不放心，也只有董賢這樣沒有幫派、對他又柔媚體貼的男寵使他最為放心；同時他通過尊崇董賢，不僅可以壓抑朝中各派勢力，而且可以更加強調皇帝生殺予奪的權力。

　　然而，依靠一個男寵來維護自己的統治，也太過悲哀了。就是在這樣內外交困之中，哀帝於元壽二年（西元前1年）六月病故。哀帝共在位七年，享年二十六歲。謚「孝哀皇帝」，葬義陵（今陝西咸陽西北）。

傀儡帝王劉協

在劉協很小的時候，他的生母王美人就被何皇后殺死了，漢靈帝害怕他受到奸人毒害，於是把他交給了董太后，希望董太后可以將他撫養成人。漢靈帝在世的時候，就很喜歡劉協，也是因為劉協乖巧懂事、心存仁厚、聰明好學的緣故，而對於何皇后的兒子劉辯心生厭棄，在漢靈帝看來，劉辯輕佻且無威儀，而漢靈帝的母親董太后也不止一次地勸說漢靈帝立劉協為皇太子，故將來傳位於劉協。後宮不穩，則前朝不安，漢靈帝顧忌到外戚何氏家族的勢力及違背立嗣立嫡長為先的祖制，總是猶豫未決。

中平六年，靈帝在彌留之際把劉協託付於宦官蹇碩，漢靈帝駕崩之後想要先殺死何進之後再立劉協為帝，不幸的是蹇碩的計謀被何進識破。

之後，劉辯在何進和何皇后的擁護之下登基稱帝，冊封劉協為渤海王，之後又封為陳留王。不久，何進遭到十常侍的暗殺，袁紹一行人借勢闖入皇宮誅殺了宦官，劉協和少帝劉辯也被宦官張讓等人劫持出宮。後來幸得被大臣救出。在回宮的路上遇到董卓的軍隊，董卓與劉辯談話，劉辯語無倫次，繼而再與劉協談話，劉協則把事情的來龍去脈完整地很清楚地說了出來。董卓看得出劉協是一個有遠大抱負的人，而且一直為董太后撫養，而董卓又和董太后是同族，所以產生了廢立的念頭。董卓控制朝廷之後，為了立威，廢黜漢少帝劉辯，同年九月擁立年僅九歲的劉協稱帝，即漢獻帝。之後，董卓殺死了何太后，「挾天子而令諸侯」。在關東諸侯發兵討伐董卓的時候，董卓一把火燒了洛陽城，挾持了漢獻帝劉協，遷都長安。

西元一九二年，董卓被王允與呂布等人刺殺之後，王允晉封錄尚

書事，呂布任奮威將軍的職務，二人一同主持朝政，即便是這樣，也沒能控制住關中動盪的局勢。在不到一個月的時間裡，董卓的殘餘部將李傕等人就打敗了呂布，攻佔了長安，殺死了王允，所以東漢政權被李傕等人控制了。李傕被升為車騎將軍、開府、領司隸校尉、假節、池陽侯，之後不久，李傕又升為大司馬。

興平二年，李傕殺死了樊稠，與郭汜反目，兩個人互相殘殺。漢獻帝劉協趁著李傕與郭汜兩個人內訌之際偷偷逃出了長安城，在楊奉與董承等人的保護之下，暫時進駐安邑。第二年，兗州刺史曹操迎接漢獻帝劉協進駐洛陽城，曹操立下大功，漢獻帝劉協特賜曹操節鉞，這就標誌著曹操「奉天子以令不臣」的時代正式開始了。以曹操野心他怎可能只甘心於此？之後，曹操脅迫漢獻帝劉協遷都到許，後將許改名許都。劉協仍然只是是一個毫無實權的傀儡皇帝，真正的實權在曹操的手裡。雖然曹操想要借助劉協來實現他一統天下的目的，但他始終不敢取而代之。

建安五年，漢獻帝劉協因為不滿曹操獨攬大權，再也不甘心只做一個傀儡皇帝，於是暗自下衣帶詔，命令董承想辦法殺死曹操。於是，董承和左將軍劉備、長水校尉種輯、將軍吳子蘭、王子服等人一起商議，不料事情被曹操得知，心生殺念，董承被曹操誅殺，就連已經懷孕的董貴人曹操也不放過。伏皇后因為畏懼曹操，就寫信告訴她的父親伏完，細數曹操種種殘暴不仁的行徑，希望父親能夠效仿董承，設法剷除奸佞之臣，但是伏完畏懼曹操的勢力。始終未敢行動。

建安十九年，伏皇后要求自己的父親伏完誅殺曹操的事情敗露，曹操就要脅漢獻帝劉協廢黜伏皇后，竟然代替漢獻帝寫好了廢黜皇后的詔書。緊接著，曹操就派御史大夫郗慮協著詔書，和尚書令華歆一同帶兵包圍了皇宮，目的就是搜捕皇后。伏皇后懼怕，藏到夾牆裡，被華歆拖出之後。皇后披頭散髮，赤腳走出來，跪著向漢獻帝劉協哭

訴求救，漢獻帝劉協一臉無奈地說：「朕對於自己的命運都無從掌握，也不知道自己的生命何時會終了呢！」回過頭來說：「郗公！天底下會有這樣的道理嗎？」後來，伏皇后因為幽閉而死，劉協和她生的兩位皇子也被曹操灌下毒酒，伏氏家族的一百多人被處死。建安二十年，曹操威逼漢獻帝劉協立自己的女兒為皇后。

延康元年，魏王曹操逝世，而他的兒子曹丕野心竟然比曹操還要大，自認為在北方的地位已足夠穩固，企圖取而代之，同年十二月，曹丕逼迫漢獻帝劉協禪讓，漢獻帝劉協告祭天下宗廟，禪位於曹丕。在繁陽亭，曹丕登上受禪壇，接過玉璽，登基做了皇帝。之後，遷都許都，改年號黃初，國號魏，追尊父親曹操為武皇帝，廟太祖。廢漢獻帝為山陽公，曹皇后為山陽公夫人，將他們趕出了皇宮，但是仍可使用漢天子禮樂。

當時民間流傳說漢獻帝劉協被曹丕暗殺，藉此，劉備憑藉漢室宗親的身份登基做了皇帝，建立了蜀漢，並追諡漢獻帝劉協為「孝愍皇帝」，魏明帝青龍二年三月庚寅劉協去世，魏明帝身穿素服為他發喪，以大漢天子的禮儀葬於禪陵，諡孝獻皇帝。

舞動政事波瀾的皇后嬪妃

呂后與她的「宮心計」

在楚漢之爭中，漢王劉邦於楚漢之爭中打敗了西楚霸王項羽，建立了大漢王朝。劉邦登基做了皇帝，作為結髮妻子的呂雉順理成章被冊封為皇后，兒子劉盈被立為太子。也就是從這個時候起，呂雉的政治生涯開始了。

跟隨劉邦征戰多年，經歷重重磨難的呂雉，在艱難的環境中磨礪了她的意志，看慣了殺戮、鮮血和白骨的她，慢慢變得冷漠，不近人情，一顆心也慢慢凍結成冰。在呂雉輔佐劉邦治理天下這七年期間，為了加強政權，打擊封建勢利，鞏固中央政權，完成統一，一連殺害了好幾員大將，其中以韓信、彭越為首，起到了殺雞儆猴的作用，立下了權威，就連劉邦都為此感到毛骨悚然。呂雉並不甘心於眼前的榮耀和權勢，她深知如果劉盈的太子之位保不住，那麼她以後的生活將會十分艱苦。為了得到想要的一切，更是心狠手辣，不惜一切代價。

劉邦生性好色，拈花惹草，時常讓呂雉獨守空閨，好幾個月見不到一面。呂雉心生恨意，對別的妃嬪及她們所生的孩子都不能饒恕。「最毒婦人心」在呂雉身上得到了充分的體現。

說及太子劉盈，生性軟弱的他不得漢高祖的歡心，在處理朝事方面也力不從心，常常事倍功半，劉邦擔心自己歷盡千辛苦苦打下的江山毀於一旦，另立太子的想法愈演愈烈。相反，劉邦最喜歡的女人戚姬的兒子如意，生性活潑，機靈懂事，深得劉邦的喜愛。為此，劉邦廢掉太子，重立儲君，並多次在朝堂之上提及此事，雖遭到幾位老臣的勸說和阻攔，但是劉邦廢太子的欲望也越來越強烈了。

呂雉心知事情不妙，非常慌張，急忙找來自己的哥哥建成侯來商議，在建成侯的建議之下，呂雉找到了足智多謀的張良，請求他出謀

劃策。一來,是因為皇帝器重張良,很是信任他,對他也是很敬重的;二來,是因為呂雉料中了聰明絕頂的張良畏懼於自己的權勢不會拒絕她。果不其然,張良在呂雉的威逼之下,雖沒有直接向皇帝進諫,卻為呂雉獻出了良計:朝中有四位元老,因為憚於朝堂之事,告老還鄉,頤養天年。如果可以把他們請來輔佐太子,並讓他們隨太子入朝進諫皇上,皇帝看到一定很是欣慰,覺得太子禮賢下士,重情重義,善於用人,還是可以誘導的。皇上自然就會打消廢太子的念頭了。呂雉按照張良的計策一一執行,讓太子親自寫了一封信告慰四位老臣,然後派人帶著金玉幣帛,不遠千里去接他們,果然不出所料,四位元老甚是感動,滿心歡喜地答應了。

西元前一九五年,劉邦在外征戰,中箭受傷,久治不癒,自知身體大不如前,然而廢太子的意願從沒有停止過,礙於張良從中周旋,才一直未能如願。現在太子有了四位元老的輔佐,劉邦對太子的看法也有了很大的改觀,才徹底打消了廢太子的念頭。從此以後,呂后的地位得到了鞏固,積極拉攏朝廷大臣,她的勢力也越來愈強大。可以說是呼風喚雨,愈來愈不把劉邦放在眼裡。

劉邦死後,劉盈即位。但是劉盈只是徒有皇帝的虛名,並無皇帝的實權,而真正的大權掌握在呂雉手中。為了鞏固皇權,她開始培養呂氏家族的人總攬大權,並排除異己,永絕後患。直到此時,呂雉還是擔心趙王如意會奪權篡位,於是設計將趙王殺害,並將戚夫人關進永巷,過著生不如死的生活。劉盈為失去手足傷心欲絕,憂鬱成疾,一病不起。一年之後,劉盈就死了。

劉盈死後,小兒劉恭即位。唯一的兒子死了,呂雉悲痛萬分,悲痛之餘還有一絲欣慰,因為她的夢想終於要實現了——臨朝稱制,呂雉獨攬大權,自此,呂氏集團勢力達到鼎盛,覆蓋了劉氏家族。

西元前一八〇年,呂雉病死,她死後,呂氏政權也隨即土崩瓦

解。呂雉的一生叱吒風雲，為了鞏固政權，手段之狠毒讓人戰慄，心腸之毒辣讓人心寒。但是，為了維護政權，她也推行了一系列的利國利民的政策，使百姓安居樂業，國泰民安，政績不容忽視。呂雉的統治，為「文景之治」的繁榮建立了雄厚的根基。

韜光養晦，東山再起的薄姬

薄姬出生在蘇州，她的母親則是魏國宗室的女兒魏媼，未婚先孕而生下了她。

魏媼自己一個人把一雙兒女含辛茹苦地拉扯長大，在亂世之中艱難的生存。不久，秦朝的時局就已經動盪不堪。這種格局下，各路地方諸侯紛紛而起，都想趁著亂世，展示自己的雄才偉略，當然也有一些渾水摸魚之輩，企圖在這個情況下，能夠得到地位或者是恢復自己的舊番邦。魏國宗室魏豹就是這樣，他在自己的封地自立為王。

這個時候的薄姬已經長成了一位清麗脫俗的少女，而魏媼的心中本就是對自己的國家念念不忘，現在看見魏豹起兵興復魏國，於是便將自己心愛的女兒給魏豹做了小妾。

當時有一位名為許負的著名相士，魏媼便請他來為自己的女兒薄姬占卜，看她在魏宮之中能否有所成就。這許負一見到薄姬，激動無比，並且說道：「這個小小的王宮算得了什麼，您的女兒以後會是天子的母親，她會成為最尊貴的皇太后！」

許負的相術在民間已是出神入化，人們對於他說的話只有信任，這也是世人對他無比推崇的原因。而魏媼聽到他這麼說，頓時心花怒放。魏豹得知這個消息後，心中也是無比的驚喜，薄姬現在是自己的小妾，她以後所生的兒子自然也是自己的兒子，既然這樣，是不是上天預示著自己可以捨命搏一搏？而這個魏豹也是想哪到做到哪，便背棄了和劉邦之間所訂下的攻楚盟約，轉變為中立的態度，靜觀其變。魏豹的如意小算盤打得雖然不錯，但是他根本就不會知道，薄姬雖有天子之母的命運，可是她懷得卻不是他的孩子。

劉邦對於魏豹的違背盟約的做法非常氣憤，就連自己的勁敵都不

管了，一心只是想著要將這個背信棄義的小人給解決掉，於是便命自己的親信將領曹參帶領著部隊，大有不滅魏豹不甘休的氣勢，而魏豹的兵力在劉邦面前就是小巫見大巫了。在這種強勢的壓迫下，魏豹只好舉手投降，心中對那個占卜先生詛咒萬千。而魏豹兵敗之後，他的所有的妻妾們都被俘虜。並且她們都沒有資格去充當劉邦的妃嬪，只是在宮中做一個卑微的女婢，於是她們全都被送進了漢宮的「織室」，薄姬也以為自己會這樣了此一生。但是，有一天，劉邦突然想到了這些被他俘虜過來的魏宮姬妾，於是便想著去織室看看她們。而就是這一看，便改變了薄姬的命運。劉邦瞧見魏豹的妃嬪中還是有不少姿色不錯的宮人。於是劉邦便從中選出了一批姿色不錯的人來充斥自己的後宮。這個時候，也在此行列的薄姬以為自己終於時來運轉，但是薄姬本身姿色並不是特別出眾，再加上當時的強悍皇后呂雉，這讓薄姬自入宮以來就沒有得到過劉邦的正視。

　　漢高祖四年間，劉邦帶著自己的寵妃管姬和趙姬一同來到了河南成皋靈臺。而薄姬年少時與此二人為閨中好友，並且相約，將來如果誰富貴了，不要忘記彼此的友情。因為這兩個女人在這段時間內得到了劉邦的歡心，便得意忘形，在閒聊時又想起了與薄姬所訂下的誓言，兩人感覺薄姬非常的可笑愚蠢，對她都是嗤之以鼻。劉邦在旁邊也聽到了一些消息，但是卻糊裡糊塗，又看見這兩位嬪妃笑得花枝招展，於是便將她倆叫到自己的面前，詢問緣由。管姬和趙姬只好將自己和薄姬之間的約定仔仔細細地說給劉邦聽。劉邦聽後，頓時對她們心生厭惡，卻對她們口中的薄姬充滿了同情，而薄姬也算是因禍得福，因為自己交友不慎，而引來劉邦對自己的注意，並得到了寵幸的機會。

　　就在劉邦寵幸薄姬的頭天晚上，薄姬做了一個很奇怪的夢，夢裡有一條龍，一直盤踞在自己的身上。薄姬正在對自己的這個夢驚詫不

已，卻又忽然聽到宮人說自己今天晚上要侍寢的消息，於是薄姬也就把自己的這個夢講給了劉邦聽。劉邦聽後，非常高興，把這件事情看作是天定的緣分，他對薄姬說：「這個夢預示著你將要富貴呀！」

劉邦雖然是這麼說，但是薄姬平凡的容貌並沒有吸引到他，一夜的寵幸也只是因為對她的同情和可憐，所以經過這一夜之後，薄姬的生活看似已經回到了原點，但是值得慶幸的是，一夜之間，薄姬竟然懷上了劉邦的孩子，從此之後，薄姬在深宮之中就帶著兒子孤苦的生活。

劉恒八歲那年，漢朝的開國皇帝漢高祖去世，而長期受到壓制的呂后進行了她瘋狂的報復，特別是對於劉邦生前的寵妃戚夫人，呂后對她實行了「人彘」的懲罰。但是呂后卻對薄姬網開一面，並沒有多加為難，這不僅是因為薄姬和她自己一樣都不受劉邦的寵愛，而且也是因為薄姬進漢宮的數年間都保持著低調的生活，處事小心謹慎，沒有參與到後宮的爭鬥中，正是因為這樣，才躲過了呂后的摧殘。呂后還將她們母子倆送往劉恒的封地，史稱代王，而薄姬則是成了代王的太后，地位僅次於呂后。

劉恒當時只有八歲，薄姬也就成了代國真正意義上的主宰者，一時之間，榮盛至極，這讓過慣平凡生活的薄姬有點不習慣，於是她還是按照從前的習慣生活，劉恒就是她的全部，對他盡心盡力的教導和愛護，閒暇時，看看代國的大好風光，日子過得逍遙自在。

代國母子倆的日子悠閒自在，而漢宮卻已經處在了水深火熱之中。

原來，在劉邦死後，呂雉對於威脅自己權勢的人進行了一次「大清查」，而最後，劉邦的兒子只剩下了代王劉恒和淮南王劉長。而在立新王方面，為了防止外戚專權，只能慎重選擇，淮南王劉長的外戚不少，並且淮南王平時的作風也都為世人所不齒的，經過一番思量，

大臣們最終將目光鎖定在了代王劉恒的身上，代王劉恒的母親薄姬家族單薄，而他們母子倆一向以克己謹慎聞名於世。兩相比較之下，心中也便有了主意。

在代國生活得安逸舒服的劉恒，卻怎麼也不會想到，整個漢朝的天下將交予他的手上。西元一八〇前年，這時劉恒已經二十四歲，漢宮派遣使者來到代國，告知了他來此的目的，劉恒聽後，幾乎懷疑自己的耳朵，對於他現在的生活，他已經非常滿意，卻沒想到這種天大的好事會落到他的頭上。經過和他臣屬的一番討論，都感覺這是一個很大的陰謀。

他的母親薄姬卻對此感到理所當然。而且薄姬深信卜筮之術，為了以防萬一，薄姬便讓劉恒用占卜星象的方式來決定。占卜的結果便是上上大吉。這讓劉恒的心放輕鬆了一些，隨即便讓自己的舅父薄昭跟著使者去漢宮打探情況，直到舅父給劉邦帶來肯定的答覆，他才輕裝騎馬前往都城長安。

雖然劉恒的心沒有先前那麼恐慌，但是到了長安城五十里開外的時候，他又派自己的屬下進宮打聽虛實，真正確信無疑後，劉恒才放下心來去渭橋與出城迎接的大臣們相會。就這樣，劉恒不費吹灰之力，在大臣們的簇擁下，坐上了君王的寶座，成為大漢朝的第五代帝王，亦是被人們稱頌的千古明君。

劉恒登基後，史稱漢文帝，尊稱薄姬為皇太后。

漢文帝不僅是一個賢明的君主，他還是一個孝子，在中國影響深遠的二十四孝故事中，漢文帝劉恒僅次於舜帝排在第二位。據說，薄太后曾經生過一場重病，一病就是三年，而文帝則三年如一日地守護在自己母親的身旁，藥品也是經過他的親自嘗試，才會端給自己的母親喝，這也是一代帝王的佳話傳奇，漢文帝在位的二十三年中，對自己母親的孝心從未改變過。

　　西元前一五七年，漢文帝因病辭世，讓薄太后面臨著「白髮人送黑髮人」的悲痛，而漢文帝病重的時候，還不忘叮囑自己的妻兒對自己的母親要盡孝心。為此還把自己的陵墓安排在了一個「頂妻背母」的位置，彷彿劉恒一直背著自己母親一樣。兩年之後，薄姬也去世，她的兒媳竇漪房按照自己丈夫劉恒的囑託將自己的婆婆葬在了那個位置。

　　在很多人的眼中，呂后就是一個心狠手辣的女人，但是對於薄姬而言，呂雉便是她的恩人。因此景帝並沒有將自己祖母的遺體與劉邦合葬，因為景帝知道在薄姬的眼中，劉邦的妻子始終就是呂雉一人，她死後的陵墓就如同她生前一樣，默默地守護著自己的兒子和丈夫。

　　時間飛逝，那些在歷史長河中駐留的人，都用自己的方式留下了自己的印記，薄姬的人生雖然平淡無奇，偉人的悲壯豪情不可能在她的身上得到體現，但是她卻生下了漢朝最有聲望的君王，漢朝的興旺與她對兒子的辛勤教導和培養是密不可分的。

漢惠帝孝惠皇后張嫣

　　張嫣十歲時以處子之身進入後宮，馬上就被呂后封為皇后，母儀天下。但是，她在宮中生活了二十七年，卻始終沒有得到漢惠帝的青睞，也沒有享受到正常的男女之間的歡愛，是歷史上最特別的皇后。這二十七年來，她在宮中孤獨地生活著，委屈地守身如玉，三十六歲那年幽怨地離開人世，仍然是處子之身。

　　孝惠皇后張嫣是漢高祖劉邦和呂后的外孫女，也是漢惠帝的親姐姐魯元公主和駙馬宣平侯張敖的大女兒。張嫣之所以會成為自己舅舅漢惠帝的妻子，就是因為呂后權勢滔天，想讓呂家人掌握大權，而利用張嫣則是為了更好地控制漢惠帝。她之所以嫁給母舅、漢朝的第二位皇帝惠帝，完全是宮廷權力爭鬥的產物，說白了是外祖母呂后為了控制惠帝、提高魯元公主的地位而一手操辦的。

　　張嫣，作為漢惠帝劉盈有名無實的妻子，也是漢惠帝的外甥女和名義上的妻子，她也是歷史上第一位經過大婚冊立後經由正宮門迎進來的皇后。自從她九歲嫁給自己舅舅的那天起，就已經注定了她以後那高貴而淒慘的宮廷生活。

　　漢高祖在位時，呂后的權利已經被壓制到極限，等到漢高祖辭世後，呂后玩弄權術的野心得到了空前的膨脹，幾乎達到了人性扭曲的狀態。高祖劉邦駕崩後，長期受到壓抑，人性已經完全扭曲的呂后肆無忌憚，大肆弄權。她的兒子劉盈如願以償地登上了皇帝的寶座，成了大漢朝第二位君王國君，史稱漢惠帝。但是，漢惠帝並沒有漢高祖的英雄魄力，遇事優柔寡斷，猶豫不決，所有的朝政大事都由他的母親呂后處理，在他的一生中，其皇帝之位如同虛設，他就是一個活脫脫的傀儡。一切軍國大事都由太后決定不說，就連自己的婚姻大事也

由不得自己做主，甚至自己的個人私事也被母后一手代辦。當年漢高祖劉邦去世之後，他的寵妃戚夫人就被呂后殘害為「人彘」，甚至還強迫年幼的漢惠帝「觀賞」，這件事情給漢惠帝心理留下了極大的陰影，讓他的內心無比痛苦，精神上更是受到了極大的刺激，從此，一蹶不振，整日借酒澆愁，朝政也荒廢下去，只要是呂后的要求和吩咐，他都會毫不猶豫地答應，不敢有絲毫異議。就是在這樣的背景下，呂后促就了他和自己外甥女張嫣的婚姻關係。

早在做太子期間，惠帝身邊就已擁有眾多的嬪妃，但是登基後禮法上他還沒有正式的妻子——皇后，屬於鰥夫之列。工於心計的呂后對於這件事自然不放心惠帝獨行，也不願意讓外人插手。她考慮來考慮去，最終卻選中了自己的親外孫女、魯元公主的女兒張嫣為漢朝的第二位皇后。當時的漢惠帝劉盈只有十九歲，而皇后張嫣則只是年僅十歲！在我們今天看來，這就是一場亂倫的鬧劇，舅舅怎麼可以娶自己的外甥女為妻呢？他們是長輩和晚輩的關係，有著很近的血緣關係，無論如何也不能結為夫妻的。但是，在那時的禮法中舅舅和外甥女的關係並沒有寫在五倫之內，並且這種禮法並不是漢代才有的，舅舅娶外甥女的事例古已有之，晉文公就曾娶過姐夫秦穆公的女兒懷嬴為妻，但是，後人之所以將晉文公娶懷嬴稱之為「逆倫」，其主要原因在於懷嬴曾經是晉文公的侄媳婦，並而不是因為他們之間的血緣關係。並且，事實上，懷嬴也並不是晉文公的親姐姐嫡姐秦穆公夫人所生的，所以，這樣看來，這兩個人之間就不存在血緣關係一說了。

西元前一九二年，魯元公主的女兒張嫣在經過一系列諸如的問名、納采等煩瑣程序之後，在呂后的操持下，與漢惠帝舉行了大婚儀式，正式被冊封為皇后，時年僅十歲。張嫣，長相比較嬌小柔美，她的身家背景更是尊貴無比。出身高貴的她一進皇宮就被封為皇后，享盡了榮華富貴，同時，又過著非常淒苦的生活。不過，漢惠帝和張嫣

雖然經過大婚正式成為夫妻，但是因為張嫣的年齡太小，並沒有行所謂的夫妻之禮，而漢惠帝劉盈則是對此慶幸不已。因為從他的內心來說，對於這場鬧劇，他是不願接受的，而這個恰到好處的理由正是給了他喘息的空間，不用再面對自己母親的逼迫。漢惠帝劉盈是一個飽受呂后精神折磨的皇帝，對朝中大事無興趣，再加上舅舅和外甥女這樣的夫妻組合，讓他感到非常的不適，所以，他寧願天天和自己的妃子、宮女甚至是男寵在一起尋歡作樂，也不願褻瀆他的小外甥女。在他們結婚三年後，漢惠帝在身體上和精神上的雙重折磨下，便帶著一生的鬱悶和壓抑離開了世界，年僅十三歲的張嫣便成了有名無實的皇太后，遠離朝政，孤獨地活著。這種轉變對於還年幼的張嫣來說，並沒有什麼不適應，只是皇太后的稱呼還是讓她有點不習慣。可是當她長大成人後，知道了所謂的男女之情的時候，懂得了呂后讓她進宮的意義所在了，但她的身邊早已沒有了漢惠帝。

　　漢惠帝在世時，呂后就知道他不願意寵幸張嫣，如今他已經去了，就更沒有了機會。她考慮到如果張嫣沒有自己的孩子，將來在後宮將難以站穩腳跟，這時，後宮的一位美人則是剛有身孕，真是天賜良機啊！於是呂后便又對外宣稱漢惠帝生前已經寵幸過皇后張嫣，而後又讓張嫣在人前假裝懷孕，等過十月之後，便派人將那位美人的孩子抱來，由張嫣撫養，而那位美人則被呂后賜死，這位剛出生不久的孩子被立為太子。呂后認為自己的計劃是天衣無縫，其實大家都心知肚明，只是不願意將她的陰謀當面揭穿罷了。

　　過了不久，呂后帶著自己的權勢也離開人世，在周勃等一班朝中大臣的共同商討謀劃下下，平息了呂氏一族對皇權的威脅。在經過一段時間的整頓之後，漢文帝即位，封自己的母妃薄姬為皇太后，張嫣的太后生涯也就此結束。她是中國歷史上第一位被革去太后之位的，其實對於張嫣來說皇后或者是太后只是一個名義上的稱呼而已，一生

之中她並沒有抓住一點的實權，像個布偶一樣被呂后擺佈，成了呂后鞏固自己權勢的犧牲品。

西元前一六三年，這位年輕的太后在宮中默默地死去，年僅三十六歲，她曾經是無比風光地經過正宮門被迎進宮的皇后，也是一個孩子的「娘親」，但是自始至終她還是初入宮時那個冰清玉潔的小女孩張嫣，她的一生擁有的只是中國古代史上不可複製的淒美。在她死後，沒有皇太后應有的葬禮，沒有那墓誌碑文，甚至連一個最起碼的封號都沒有，只是被人習慣性地稱為孝惠皇后，就連她的墳墓都是簡簡單單的，但雖然簡陋卻只屬於她，她的一生就像這個墳墓一樣，外在看起來淒淒慘慘，但卻也有著別人所嚮往的簡簡單單。

歷經三代帝王的奇女子竇漪房

　　竇漪房年少的時候生活比較清苦，她的雙親早亡，被葬在了竇漪房的家鄉觀津，薄太后則追封竇漪房的父親為安成侯，母親則是為安成夫人，並且還在竇漪房的家鄉為他們修葺了一座陵園，這座陵園便是仿照薄太后父親的靈文園建造，可謂是對竇漪房的最大的寵愛。

　　漢文帝劉恒還沒有登基為帝的時候，他的結髮妻子王皇后因病去世，留下了四個兒子，不幸的是，劉恒的四個兒子，也相繼病死。西元前一八○年，劉恒登上至高無上的皇位，史稱漢文帝。漢文帝繼位不久，朝中大臣便集體上書請求冊立太子，在漢文帝的所有子嗣中，唯獨竇漪房的兒子劉啟年齡最大，性情也十分溫和。於是，劉啟被漢文帝冊立為太子。同年三月，一些大臣又奏請漢文帝冊封皇后。而薄太后的意見便是：「諸侯之間都是同姓人氏，而皇后的人選則是以太子的母親最為合適。」所以，漢文帝便立太子之母竇漪房為大漢朝的皇后，她小兒子劉武則是被漢文帝封為代王，兩年之後又被封為淮陽王，而他們的女兒劉嫖，也就是歷史上的「館陶長公主」。

　　因為竇漪房出身清貧，深諳百姓之苦，在她做皇后期間，與漢文帝劉恒在生活中處處節儉，就是為了減輕老百姓的負擔，漢文帝繼位後的二十三年間，他的宮苑衣服車馬等竟然都沒有增長，可謂是一個節約的好皇帝啊！到後來，竇漪房的兩個兄弟，竇長君和竇廣國因為認親來到了長安，費盡周折，終於見到了自己的姐姐，也就是當時的皇后竇漪房。而漢文帝劉恒看到自己的兩位國舅，心中十分歡喜，當時便分了不少的田地和房屋以供他們生存，並在長安給他們尋了一處很好的住所，留他們久居長安，當時的宰相灌嬰和周勃都認為這兩位國舅出身卑微，並沒有受到很好的教育，應該讓一些品行好的老師對

他們加以教導，以免呂氏專權的悲劇再次上演，而竇漪房的兩位兄弟也是為人謙遜有禮，從不敢以自己的身份尊貴自居，也沒有一絲的驕傲自滿之氣，因此深得人心。

西元前一七七年，竇漪房在大病一場後，她的視力也逐漸下降，於是，漢文帝對她也慢慢地冷落起來，把目標轉移到了當時的慎夫人身上。對於這件事情，竇皇后也是沒有任何辦法，只能在暗地裡哀歎自己的命運悲哀罷了。但是就算這樣，皇后終究還是皇后，慎夫人再怎麼受寵也不敢做出過分的事情，慎夫人是漢文帝的新寵，深得劉恒的喜歡，所以有的時候常常是與竇漪房平起平坐。有一次出行時，上林郎官依照從前的習慣，將慎夫人的座位和竇皇后的座位平等的安置。中郎將袁盎見此情景，立即命人將慎夫人的位置放到下席，慎夫人見狀，大發脾氣，不願意在下席就坐。而漢文帝劉恒也是怒氣衝天，當即便帶著慎夫人乘輦返回宮中，獨留下了竇漪房一人。這次的上林之行，本來是高高興興地來，最後卻是敗興而歸。漢文帝對此十分的憤怒，中郎將袁盎則對漢文帝解釋道，難道不記得戚夫人被弄成人彘的事情了嗎？這句話的意思便是，既然竇漪房在這種情況下還能牢牢坐穩自己的皇后之位，並非是偶然，她有著自己的智慧和策略，如果慎夫人還是這樣恃寵而驕的話，戚夫人的下場便是一個很好的例子。

西元前一七四年，當時的薄姬薄太后為了鞏固自己娘家在朝中的地位，便想學著呂后的做法與皇家聯姻，讓未來的太子妃成為自己娘家的人，而竇漪房便趁著這個機會，答應了薄太后的建議，就這樣，進一步穩固了自己兒子的太子之位，也給自己的皇后寶座添加了一層保障，這是何等的大智慧啊！試想一下，如果當時慎夫人不知道收斂的話，無疑是以卵擊石，自取滅亡。

西元前一六九年，當時的梁懷王劉揖不慎墜馬身亡，竇漪房的小

兒子劉武便代替他為梁王，歷史上稱之為梁孝王。劉武所在封地的地理位置十分的重要，這就代表著竇漪房的后位則是無可撼動的了，而對於漢文帝劉恒和竇漪房之間的感情問題，在後世人看來是一個謎，不過從漢文帝自此再沒有寵信其它妃子的情況來看，他們之間的感情應該是不錯的。

西元前一六二年，漢文帝的八個兒子中只剩下了劉啟和劉武兩個兒子，竇漪房的地位徹底穩固。

西元前一五七年，一代帝王漢文帝駕崩，太子劉啟即位，史稱漢景帝，而竇漪房則為皇太后，被人稱之為竇太后。

竇太后對於自己的小兒子一向是寵愛有加，賞賜給他的奇珍異寶更是不可勝數，如果可以，恨不得將大兒子的皇位也雙手捧在他的面前。剛開始的時候，漢景帝劉啟對於這個同胞弟弟也是有著深厚的兄弟之情，不但與他同進同出，同坐一輦，而且有一次在家宴中還曾經說要將自己的江山託付給劉武。

初元三年，當時漢景帝還沒有冊立太子，有一次，在自己的家宴上，漢景帝曾經對自己的弟弟劉武說：「等我去世之後，就由你來繼承我的皇位。」劉武聽了這番話，嘴上很客氣地拒絕了，但心中卻是十分歡喜，竇太后也是喜不勝收，但是漢景帝的侄子竇嬰知道後向劉啟進諫道：「漢朝自創建以來，皇位的繼承就是父子相傳，怎麼可以任意的改變呢？」這番話也讓劉啟打消了冊封自己弟弟的念頭，而竇嬰也因此得罪了竇太后。過了沒幾天，竇太后便命人將竇嬰的皇親國戚的名譽革去。竇太后一心想著讓漢景帝立小兒子劉武為皇位繼承人，但當時的那句話只是漢景帝的酒後失言，並不是出於自己的真心，但是如果不這麼做的話，又會讓自己的母后失望。正當他左右為難的時候，公卿大臣們搬出漢代的制度來阻止這件事，漢景帝便趁著這個機會立自己的長子劉榮為皇太子，但是冊封不到一年，劉榮便被

廢黜太子之位，竇太后見狀又重新提起立劉武為皇位繼承人，遭到大臣袁盎等人的堅決反對，於是，只好另立自己的兒子劉徹為太子，竇太后的算盤再次落空。而當劉武知道這件事後，竟然派遣刺客將袁盎等數十位大臣殺死。這個事件，觸怒龍顏，漢景帝下令嚴查真凶，最後事情敗露，劉武已經沒有辦法逃脫，他派出去的刺客也自殺身亡。幸虧因為自己的姐姐館陶公主向自己的母后求情，才使得劉武免遭刑法，但也是從這個時候開始，漢景帝的心中已經對劉武有了防備之心。

這個時期，竇太后的眼睛已經完全失明，竇太后對於黃老之術比較推崇，所以漢景帝和竇氏兄弟也聽從竇漪房的命令，傳誦《老子》，拜讀黃老學說。「黃老」指的是黃帝和老子，主張依照無為而治的思想，用寬鬆的政策來管理民眾，竇漪房一生經歷了漢文帝、漢景帝、漢武帝三代君王，而漢文帝和漢景帝統治時期則是歷史上有名的「文景之治」。

西元前一四一年，漢景帝離世，其太子劉徹登基，尊他的祖母竇氏為太皇太后，而他的生母王氏則為太后，開創了漢武大帝的時代，是漢朝最繁盛的時期，劉徹便是歷史上著名的漢武帝。

劉徹稱帝後，竇漪房聽說他喜歡儒家學說，對此她是不以為然，還經常干涉朝中政務。漢武帝不願意違背自己祖母的意願，在他處理朝中政事時，總會向竇漪房詢問意見。御史大夫趙綰和郎中令王臧見此狀況，便命人將魯耆儒申公請到朝中，並且向漢武帝進言，要依照漢朝流傳下來的制度，建立禮制建築明堂辟雍，更改正朔，變換服飾，實行巡狩封禪等禮儀，還建議漢武帝以後的朝中大事，並沒有處處請示太皇太后的必要。竇漪房聽後，氣憤不已，命令漢武帝將趙綰、王臧等人的官職除去。直到竇漪房去世之前，漢武帝劉徹都沒有再尊崇儒家學說，從這裡也可以知道，竇漪房在漢朝政治上的影響也

是非同小可的。

西元前一三八年，閩越一帶帶領軍隊圍攻東甌，東甌王派人向漢朝請求支持。竇太后則是主張不能用武力解決紛爭事端，於是漢武帝便派遣中大夫嚴助徵調遣蘇州一帶的水師救濟東甌。就這樣，漢朝的兵馬還沒有到，閩越王就放棄了圍攻東甌的念頭，帶著自己的部隊回國了。東甌王因為害怕閩越軍會捲土重來，於是又主動向漢武帝徵求，將自己一個四萬多人的小國家遷移於廬江郡，而這個時期，太皇太后已經知道自己的孫子劉徹已經可以獨當一面了，便給了漢武帝代表著軍權的兵符，從此便打開了漢朝的繁榮景象。

西元前一三五年，竇漪房在漢朝東宮辭世，與漢文帝合葬在霸陵，終年七十一歲，竇漪房的一生充滿著傳奇色彩，她歷經了三代帝王，見證著漢朝的成長、發展和繁榮，她的謀略和智慧讓世人驚歎。

苦命的天之驕女──陳阿嬌

　　出生於帝王之家的陳阿嬌嫁給漢武帝劉徹可謂是順理成章，他們是天造地設的一對佳偶，這段姻緣可以說是天作之合，美滿幸福，然而天意弄人，阿嬌卻成為了長門宮裡的怨婦，《長門賦》裡的女一號。這一切又是如何造成的呢？這還要追溯到上一輩的恩怨。

　　話說，劉徹的父親，漢景帝有兩個寵妃，其中一個就是劉徹的母親王娡，另一個是劉榮的母親栗姬。由於起初栗姬深得漢景帝的喜愛，漢景帝立劉榮為太子，館陶公主趨炎附勢，是一個不折不扣的勢利眼，加上功利薰心，想要女兒成為太子妃，卻不料被心高氣傲的栗姬當場駁回，顏面盡失，從而對其產生了恨意，產生了廢太子之心，於是，就百般挑撥栗姬與漢景帝之間的關係。與此同時，館陶公主開始親近王娡，想要改立劉徹為太子，王娡心思縝密，冰雪聰明，館陶公主的心思她又怎能不知？論才智、論計謀，栗姬又怎能是王娡的對手，很快，漢文帝就疏遠了栗姬，隨即廢除了太子，改立劉徹做了太子。劉徹一當上太子，館陶公主就迫不及待地把女兒阿嬌嫁給劉徹，王娡甚是高興，而且劉徹也答應將來一定會為阿嬌蓋一座金屋，這就是歷史上「金屋藏嬌」的典故了。

　　西元前一四一年，漢景帝駕崩，年僅十七歲的太子劉徹即位，也就是後來的漢武帝。劉徹當上皇帝以後，阿嬌理所當然地當上了皇后。雖然劉徹沒有給阿嬌一座金屋，婚後的生活也算是美滿，兩個人相敬如賓，恩恩愛愛，阿嬌像是一個受寵的小女人，幸福地飛上了天。然而，世事難料，好景不長，任誰也想不到這座金屋卻成為了她葬身的墳墓。

　　如同現在的丁克一族，過著二人世界還可以幸福常在。但是「不

孝有三，無後為大」一連幾年，阿嬌都沒有為劉徹生下一男半女，作為一個皇帝，三妻四妾本來就是再正常不過的事了，身為皇后本不應該阻攔，更何況自己不能生育。但是卻偏偏碰上了阿嬌這個習慣於養尊處優的女人，在她看來男女是平等的，至少她和劉徹是應該平等的，劉徹只能屬於她一個人，即使是有來生，也只能愛她一個。阿嬌把劉徹看得死死的，不能與任何女人親近，即使是說夢話，也不能叫其它女人的名字。陳阿嬌是一個美麗聰明的女人，但是聰明反被聰明誤，從小嬌生慣養、驕縱跋扈的火爆脾氣造就了她的悲劇人生。

　　不能生育已經是對阿嬌的懲罰，更加不能讓阿嬌忍受的是劉徹移情別戀，愛上了歌女衛子夫，這猶如晴天霹靂，讓阿嬌悲痛欲絕，愛恨交加。一哭二鬧三上弔，無所不用其極，並對衛子夫施行酷刑，劉徹大怒，但是，礙於館陶公主的情面，想到當年她為自己的太子之位也費了不少心思，於是，答應館陶公主會與阿嬌和好，並好好對待她。如果阿嬌息事寧人，心胸寬廣，這件事也就這樣過去了，但是，偏偏她又是一個心胸狹窄，小肚雞腸的女人，心生歹意的她，將目標轉向了衛子夫的弟弟衛青身上，在衛青毫無防備的情形下，派人把衛青擄走，準備殺掉衛青，以泄心頭之恨，卻不料被人救下，衛青才得以活命。隔牆有耳，沒有不透風的牆，這件事很快就傳到了劉徹的耳朵裡，劉徹龍顏大怒，對阿嬌失望之極，心想：「你越是痛恨衛家，我就偏偏反其道而行。」於是，劉徹提拔衛青，重用衛青，冊封衛子夫。從小被寵溺的阿嬌哪裡受得了這份氣，愛情沒有了也就算了，但是，最讓她痛恨的是輸給了一個歌女，簡直是顏面掃地，又怎能忍氣吞聲？於是她想到了巫蠱之術，詛咒衛子夫，把皇宮裡搞得烏煙瘴氣，雞犬不寧。她的母親曾多次提醒她住手，可她仍舊不聽勸告，一意孤行。要知道漢武帝劉徹一向是相信這個世界上是存在妖魔鬼怪的，阿嬌的詛咒等於是戳中了劉徹的軟肋，再加上有奸人挑撥說皇后

利用巫蠱之術詛咒皇上和衛子夫，劉徹聽信了讒言，一怒之下將阿嬌打進長門宮，就連其身邊服侍的奴才也一併砍頭，劉徹的這一招簡直是太狠了。

被打入冷宮的阿嬌還存有一絲希望，她不甘心長困於此，更不甘心一個堂堂的皇后會敗在一個歌女手中。於是，她又心生一計。這次他寄希望於一位辭賦家——司馬相如的身上，她知道皇上喜歡吟詩作賦，並鍾愛司馬相如。於是，她就叫自己的母親去求司馬相如給她做一篇賦，宣揚她對皇上的深深的愛意，以及自己的幽怨，以喚起皇上對她的憐愛，最後，司馬相如答應了。而他也終究沒有辜負這對可憐母女的期望，於是《長門賦》便誕生了，沒有華麗的辭藻，但是，每字每句都包含著阿嬌對劉徹的愛意，深處冷宮的寂寞、幽怨之情，曲調時而婉轉，時而柔和，道不盡的相思之情，說不完的淒涼之意。

慶幸的是這篇賦很快傳到了劉徹的耳朵裡，不幸的是他只是稱讚這篇賦寫得很棒，對於阿嬌卻沒有流露出任何的情意。消息傳到了長門宮，阿嬌悲痛欲絕，從此一病不起。

西元前一一〇年，陳阿嬌死在了長門宮。

奇女子鉤弋夫人

　　鉤弋夫人的生命很短暫，就連史書上對她的記載也是寥寥無幾。但是可以確定的是鉤弋夫人卻是一個傳奇，在她身上發生的怪事太多太多了。漢武帝劉徹有一次去巡狩，途徑河間武垣城。有一個觀天象、占卜吉凶的「望氣者」對劉徹說，此地有一奇女子，劉徹一聽就來了興致，立刻叫人去查辦，於是就找到了趙氏，劉徹一見花容月貌，柳若扶風的她就滿心歡喜，甚是喜歡。只可惜美中不足的是身患殘疾的趙氏雙拳緊握，任誰也掰不開，除了一個人，這個人就是漢武帝劉徹。劉徹掰開玉手之後，驚奇地發現趙氏的手裡握著一隻玉鉤。隨後劉徹將她帶入宮中，稱為「拳夫人」。後來她的身體慢慢痊癒，可以正常行走。

　　對於這個鉤弋夫人，劉徹可謂是寵愛有加，每天都要約她侍奉左右，可謂是「一日不見，如隔三秋」啊！所以鉤弋夫人很快就有了身孕，劉徹更是欣喜萬分。但是怪事發生了，都說十月懷胎，而鉤弋夫人一懷就是十四個月，才平安產下龍子，取名劉弗陵，也就是以後的漢昭帝。

　　劉弗陵是劉徹最小的孩子，上面有五個哥哥。大哥劉據，是皇后衛子夫的孩子，立為太子；二哥劉閎，年幼夭折；三哥劉旦，自命不凡，驕縱跋扈，不合劉徹心意；四哥劉髆，是李夫人的孩子，李夫人冰雪聰明，溫柔可人，曾是劉徹最喜歡的女人，卻不幸早逝；五哥劉胥，為人驕奢，好倡樂逸遊，不得人心。劉弗陵雖然年紀尚小，但是生性聰明，活潑可愛，機智勇敢，頗有一點小劉徹的範兒，深得劉徹的喜愛。西元前九十一年，劉弗陵四歲，太子劉據在「江充事件」中連同母親衛子夫一併被漢武帝以謀權奪位之罪名處死，就此太子之位

一直懸空，這也為以後的皇權之爭埋下伏筆。太子死後，舅父李廣利串通滿朝文武聯合上書擁立劉髆為太子，不料卻遭人陷害，漢武帝憤怒之下決定滿門抄斬，禍及整個劉氏家族，劉髆的太子夢就此破滅，只剩下了年紀最小的劉弗陵。

話又說回來，到現在，劉徹已經是別無選擇，只能立劉弗陵為太子，這難道不是正合他意嗎？但是一直讓劉徹擔心的是他的嬌滴滴的鉤弋夫人，如果劉弗陵做了皇帝，那鉤弋夫人就是皇太后，但是她才不過二十五六歲，很是年輕，他害怕自己死後，鉤弋夫人會變成第二個呂雉，怕劉氏王朝被趙氏集團吞併，朝廷混亂，政權不保，所以被逼無奈之下他決定處死鉤弋夫人，永絕後患，帝王之心真是深不可測啊！俗語說：「伴君如伴虎。」這句話一點也不假，生性乖巧的鉤弋夫人又怎知大禍將至呢？

西元前八十八年，漢武帝劉徹帶著天真爛漫的嬌妻鉤弋夫人前往甘泉宮避暑，鉤弋夫人自是小心侍奉，不敢馬虎。但是有一天，他卻龍顏大怒，下令處死鉤弋夫人，而且一點情面都不留，原因只是一點小小的稱不上錯誤的錯誤。鉤弋夫人嚇得渾身發抖，淚流滿面，苦苦哀求，劉徹卻不予理會，冷著臉命人將她帶了下去，關進了冷宮。

鉤弋夫人到底是怎麼死的，後人也不為所知，毒死？絞死？還是扼死？這些都是我們的猜疑。

鉤弋夫人死後的第二年，也就是西元前八十六年，劉徹在彌留之際立下詔書立小兒劉弗陵為太子，即日即位。劉弗陵成為漢朝的第八代皇帝——漢昭帝，追封母親為皇太后，並建立陵墓——「雲陵」，位於甘泉宮之南。

這就是鉤弋夫人傳奇的一生，她雖有傾國傾城之貌，卻沒有福壽安康之福，自古紅顏多薄命，說的不就是鉤弋夫人嗎？

史上最長壽的皇后王政君

　　王政君，有傳說說她的祖先是黃帝的後裔。王政君的人生從她未出生的時候，便已經有了傳奇的色彩，相傳，曾經有人預示著六百四十五年之後，將會有一個聖女再次誕生，大約會在齊田家出現。而幾百年之後，王政君的祖先帶著全家遷移到這裡，居住在了當年所預測到的地方，與前後的時間也是剛好相符合，這讓人們相信，在八十年之後，王家就會有貴女降生了，她的出現則會使天下興旺。或許僅僅是巧合，但這種預言恰恰出現在了王政君的身上，她的命運似乎就這樣被確定了。從這以後，王政君便被人看作是「聖女」降臨人間。

　　過了幾年之後，漢宣帝還在位的時候，把國家治理得很好，選用有才能的人治理朝政，老百姓們都過著安靜祥和的日子，一派天下太平的景象。到了五鳳四年也就是西元前五十四年，當時只有十八歲的王政君在一次選秀中進入皇宮，成了一名家人子。曾經有人說過王政君的前途富貴，大吉之相，而王政君的入宮正是她實現自己這個命運的開始。

　　有一次，太子劉奭的寵妃司馬良娣去世之後，太子終日鬱鬱寡歡，為了緩解兒子的喪妻之痛，漢宣帝便命人挑選出來五位家人子，供太子挑選。而這個時候，太子的心情並沒有好轉，還深深地沉浸在對自己的寵妃司馬良娣的懷念中，看著皇后對自己的關心，也不好駁皇后的面子，便隨意的說道：「這五位家人子有一位還是很不錯的。」當時王政君的位置和太子挨得比較近，而在這五位家人子中，唯獨王政君身穿絳色花邊的大掖衣。聽太子這麼說，一個奴才便認為太子所說的一定是指穿著與眾不同的王政君，並將這個情況轉告了皇后。皇后遂命人將王政君送到了太子的宮中。正是因為這樣，王政君

便由一個最低等的家人子而變成了高高在上的太子妃，未來的一國之母。

舉行完儀式之後的當天，太子便和王政君同會於陽臺，這就是古代歷史上的「御幸」。不能不說，王政君是命運眷顧的寵兒，太子家中大大小小的嬪妃數十人，中間也不乏被太子「御幸」七八年的，但最終沒有一個人能夠懷上孩子，而王政君僅僅是這一次的御幸機會，便懷上了太子的骨肉，真可謂是羨煞他人！在漢宣帝甘露三年間，也就是西元前五十一年，王政君為太子生下一名男嬰。而漢宣帝則更是激動不已，年已不惑的他終於等來了自己的嫡長皇孫，他的用心良苦也得到了回報，心情自然是無法用語言來表達的。

黃龍元年也就是西元前四十九年，漢宣帝駕崩。太子劉奭即位，便是史上的漢元帝。而王政君的兒子，年僅三歲的小太孫劉驁則被漢元帝冊立為太子。而王政君也由太子之妃晉升為婕妤，漢元帝還封王政君的父親為陽平侯。三天之後，便為王政君舉行了皇后的冊封儀式。其實看似風光無限的皇后娘娘，日子過得卻是無比的淒苦，因為她自從被漢元帝寵幸一次之後，幾乎就沒有再被召見，終日虛度著年華。

到了竟寧元年，也就是西元前三十三年的五月，漢元帝駕崩，年僅四十三歲。而太子劉驁便被扶植登基，成為漢成帝。王政君便被人稱為皇太后，從這個時候開始，王政君的處境才有所改變，在宮廷生活中也不用再像從前那樣小心翼翼，膽戰心驚的過日子了。

漢成帝登基之後，整日沉迷於酒色之中，無心管理朝政，這便為王政君提供了趁機獨攬政權的大好時機，在她的操持下，重用外戚官員，她自己的兄長王鳳則被她任命為大司馬大將軍領尚書事。從這開始，順著王政君的裙帶關係，外戚專權的情況越來越嚴重，一場聲勢浩大的外戚專權在西漢王朝拉開了帷幕。

　　王氏家族依靠著王政君迅速成長起來，有了皇太后這個大靠山，王氏家族的生活日漸萎靡，整日尋歡作樂，並且大肆購買田地，建造豪華的住宅，規模之大，綿延數里之外，一眼都望不到邊際。他們霸佔百姓的農田，搜刮民脂民膏，惹得天下百姓叫苦連天、哀聲怨道，朝庭上下腐敗無能。百姓們生活淒苦，官吏貪污成風，風氣日漸低下，許多地方的百姓舉起大旗，帶領著一干人等起義，一時之間，社會動盪不安。而西漢盛世也慢慢走向尾聲。

　　而漢成帝則是「兩耳不聞窗外事，一心只醉美人關」。風流無限，醉生夢死，過得好不瀟灑自在，誰知道好景不長，在綏和二年間的三月，漢成帝在溫柔鄉中死去，終年四十六歲。

　　在這樣的歷史背景下，漢哀帝繼位登基。此時的社會矛盾已經激化，並且還在不斷地加劇，官吏佔用土地導致人口流失的現象也日趨嚴重。而漢哀帝本身和漢成帝相比，則「有過之而無不及」，私生活更是慌亂不堪，他讓人從民間各地廣選美女充斥著已經將要膨脹的後宮，更加荒唐的是，他還寵幸男色，與當時的美男子董賢打得火熱，外出的時候同坐一輛車，而在宮內則是同睡一張床，給予他的賞賜更是讓很多人望之不及，恩寵無限。有一天，漢哀帝像往常一樣要起床的時候，正在睡夢中的董賢卻正好壓著漢哀帝的衣袖，使他不能動彈，漢哀帝不忍驚醒夢中的董賢，於是他用自己的劍斬斷了被壓住的衣袖，才得以起身。也就是從這個時候起，在後世人中，漢哀帝給同性戀創造了另一個稱號，那便是「斷袖」之說。

　　為了緩和激烈的社會矛盾，皇太后王政君讓漢哀帝重新頒佈律法以限制官吏無限度的佔用田地和大量購買奴婢的行為。但是漢哀帝卻自己帶頭打破了自己所制定的規定，甚至一次性就給予董賢二千頃良田，這套律法在漢哀帝的眼中形同虛設。

　　元壽二年，漢哀帝在未央宮中駕崩。因為漢哀帝並沒有子嗣繼承

大業，所以王政君重新入主東宮，手持傳國玉璽，抓住了至高無上的皇權。她將軍權交給了王莽，還逼死漢哀帝的男寵董賢，冊立中山孝王的兒子劉衎登基為帝，歷史上稱之為漢平帝。當時的平帝只有九歲，加上他自小體弱多病，對於朝政之事更是無從下手，而王政君雖然還是高高在上，但卻被王莽暗地裡架空了她的權勢，成了一個徒有虛名的太后，而大權則掌握在了王莽的手中。

這個時候的王莽異常的謙恭禮讓，贏得朝中大臣的一片讚揚。而王政君也是十分地相信王莽，以為他德才兼備，可以輔佐新帝治理國家，成就大業。其實，這個時候，王莽已經有了篡奪皇位的野心。

首先，王莽煽動群臣一起上書王政君，以他輔佐幼主有功，讓王政君封他為「安漢公」，隨後，他又設下圈套，讓自己的女兒成為漢平帝的皇后，後來又逼迫王政君稱自己為「宰衡」。並且王政君還宣佈：「因當朝皇帝還十分年幼，我一人決定著國家政策，已經力不從心，再加上我已經年邁體弱，精力也大不如從前，如果事事都要我親力親為，只怕是對於皇帝以後治理國家也有不利的影響，從今天開始，除了有關於封侯拜相的決定外，其它一切的政事都交給安漢公和其它的輔政大臣來處理。其它一切繁瑣的事物則是全由安漢公做決定。」就這樣，王莽趁著這個機會，培養了一大批自己的親信，在朝中清除異己，使得自己的權力空前地膨脹。

為了鞏固自己手中的權力，王莽對於自己的形象也是時刻地注意著。因此，在眾大臣面前還是保持著他一貫的謙恭形象，他的低調作風也得到了很多官員的認可。對於那些為王政君做事的宮人，無論身份地位怎麼樣，他都是大加賄賂，對他們每個人都「關愛有加」，以此來討取王政君的喜歡。王政君的身邊的每個人都對王莽讚賞有加，這也使得王政君對王莽少了一份戒心，給了王莽培植自己勢力的空隙。

　　元始五年的十二月，年幼的漢平帝死去。自此，漢元帝已經沒有子嗣了，漢宣帝一族的人員倒是有數人，為了掌控大權，王莽極力推薦年僅兩歲的劉嬰為帝，並且還欺騙王政君說，聽一位占卜人說，劉嬰是最合適的帝王人選，王政君聽後自然沒有異議。於是也便應了王莽的如意算盤，冊立劉嬰為新一代的帝王。

　　但是幾天以後，王莽就不再掩飾自己的野心，索性自己戴上皇冠，和王政君拜過之後，在未央宮稱帝，改國號為「新」。而這個便是歷史上有名的「新莽代漢」。事已至此，王政君是悔恨不已，但卻是毫無辦法，乾坤已定，任她怎樣憤恨怨怒都無法改變既定的事實。

　　始建國五年的二月，王政君這個傳說中的「聖女」就這樣帶著無限的悔恨結束了自己一生的旅程，終年八十四歲。

環肥燕瘦的主角之一趙飛燕

　　趙飛燕剛出生的時候便被自己的親生父母拋棄，可是三天之後，她的父母發現她竟然還活著，於是這讓其父母感到非常詫異，便又將她抱回家中撫養。等她稍微大一點的時候，她和她的妹妹就一同被送入了陽阿公主府，在那裡有樂師教她們練習歌舞。趙飛燕在這個方面有著極高的天賦，不僅習得一手好琴藝，她的舞姿更是出神入化，虜獲了不少人的心。

　　當時在任的漢成帝劉驁平時喜歡遊樂，常常帶著富平侯張放外出尋歡作樂，當他在公主府上看到姿色出眾，舞藝超群的趙飛燕後，心中頗為喜歡，立即將她召入宮中，冊封為婕妤，對她是萬般寵愛，幾年之後又將當時的許皇后廢黜，另立趙飛燕為皇后，而趙飛燕的妹妹趙合德也被皇上冊封為昭儀，一時之間，兩個姐妹稱霸後宮，盛極一時。

　　直到漢成帝駕崩，趙家姐妹並沒有產下一男半女，於是便由當時的陶王劉欣繼承皇位，這就是歷史上的漢哀帝，而趙飛燕則被尊為皇太后，漢哀帝登基幾年便死了，而下一任皇帝漢平帝劉衎即位之後，便把趙飛燕貶為平民。

　　在當時，老百姓之間有這樣一首歌謠：「燕燕尾涎涎，張公子，時相見。木門倉琅琅，燕飛來，啄皇孫，皇孫死，燕啄矢。」他們所吟唱的便是趙飛燕，「燕燕尾涎涎」這句話就是形容趙飛燕的美貌無雙，而「木間倉琅琅」則是暗指她便是皇后的下一任人選。

　　趙飛燕在漢成帝時期，能夠獨寵後宮十年光景，權勢一時之間達到頂峰，這並不僅僅是因為她的舞藝和美貌，還有其它的原因。

　　這還得從趙飛燕所在的家庭說起。她的父親趙臨只是漢代宮府中

一個小小的家奴，自己都過著風餐露宿的生活。而趙飛燕出生後，這個清貧的家庭已經沒有能力去撫養她，於是便將她丟棄在荒郊野外，讓她自生自滅。可是隨後的幾天，趙臨總會夢到趙飛燕的哭聲。於是被這個夢魘折磨了幾天之後，他決定出去看看被他丟棄的孩子，結果發現小飛燕竟然還沒有死。趙臨見狀，只得將她抱回自己的家中，湊合著過日子。後來，趙臨實在是沒有辦法，便將趙飛燕賣到陽阿公主的家中學習歌舞，做歌舞伎。而趙飛燕對於歌舞有著過人的天資，經過一段時間的磨練，便造就了她的一副好歌喉，一身好舞技。

　　一次漢成帝出宮尋樂，來公主府上玩。公主則召來自己府上的歌伎為漢成帝助興，趙飛燕便是其中之一。她那妙曼的身姿，動聽的嗓音和令人沉醉的眼睛，都深深地迷住了漢成帝，眼睛一會也離不開趙飛燕的身影。當下漢成帝將她從公主府中要來待在自己的宮中。而趙飛燕剛開始的時候欲擒故縱，接連三次拒絕漢成帝的寵幸，吊足了漢成帝的胃口，隨後便是夜夜專寵，漢成帝再也沒有臨幸過其它的妃子。

　　趙飛燕的容貌本來就是清純脫俗，後宮無人能比，再加上她的出眾舞藝，更是讓她在整個後宮獨佔鰲頭。她所展示出來的舞姿，手指像拈花般顫動，而身姿則是輕盈無比，好比隨風移動，這讓漢成帝對她無法自拔。漢成帝還在後宮的太液池中的瀛洲高榭上為她舉行了舞藝表演。漢成帝敲擊著玉環為趙飛燕打著節拍，馮無方吹笙為其伴奏。趙飛燕當時所跳舞蹈則是為〈歸風送遠曲〉。一陣輕風吹過，趙飛燕差點被帶入池中，幸虧馮無方眼疾手快抓住了她的手，才沒有跌入水中，而剛才的情況在漢成帝的眼中看來，就像是一個將要隨風而去的仙子一樣，害怕會有一天就這樣悄無聲息地離開自己的身邊，這讓漢成帝心慌不已，隨後還命人為趙飛燕專門建造了一個住所，命名為「七寶避風臺」。從這裡也可以看出趙飛燕在漢成帝心中無人代替

的地位。過了幾年之後，漢成帝廢許皇后，立趙飛燕為他的第二任皇后。

趙飛燕並不是空有外表，她還有著高深的計謀，她知道容顏的重要性，也知道帝王的心思，為了鞏固自己在漢成帝心中的位置，隨後她又讓自己的妹妹趙合德進宮，趙合德雖然沒有趙飛燕的高超舞藝，但是容貌卻比趙飛燕更勝一籌，再加上趙合德溫柔賢淑，這也使得漢成帝一日看不見趙家姐妹，便無法安心處理朝政，而對於趙飛燕姐妹的話更是言聽計從。甚至為了討得趙氏姐妹的歡心，將自己的第一任皇后廢黜，而冊立趙飛燕為皇后，趙合德則被冊封為昭儀。雖然如此，但趙氏姐妹的地位卻是一樣的高，漢成帝就曾經對趙合德說過，如果不是自古以來皇后只能冊立一位，我一定也會冊封你作為皇后的。

趙氏姐妹雖然得到皇上的專寵，但是卻一直以來都沒有懷孕的跡象，於是為了防止其它妃子懷孕生子，對她們的后位產生威脅，她們對於稍微得寵的妃子進行了瘋狂地摧殘，殺死了無數出生的小嬰孩，而慘遭墮胎的更是不計其數。一時之間，老百姓中就流傳著「燕飛來，啄皇孫」這樣的童謠。當時宮中有一位曹宮，因懷孕產下一男孩，竟然被趙氏姐妹倆活活的逼死，而那位小嬰孩也被扔出宮門外；當許美人生下一子時，趙合德便大吵大鬧，直到逼得漢成帝將許美人母子賜死。漢成帝一時被美色迷惑了心智，對於自己的親生兒子也下毒手，這也使得他年過不惑時，還沒有一個兒子能夠繼承他的王位，就這樣將自己的江山棄之不顧，可謂是只愛美人不愛江山啊！

漢成帝最終死在了趙合德的床上，朝野上下都為之無比的震動，朝中大臣都要將趙氏姐妹除去。趙合德自己也知道這一次是在劫難逃，便自殺身亡。

趙飛燕則是因為扶植漢成帝的侄子劉欣登上皇位，成為漢哀帝，

劉欣心懷感恩，並沒有追究她的過失，而是依然將她尊為皇太后。漢哀帝執政期間，有不少的大臣上書要將趙飛燕處死，漢哀帝都置之不理。直到過了六年後，漢哀帝駕崩，此時朝中已經無人能庇護趙飛燕，大司馬王莽便又集結各大臣對趙飛燕加以逼迫，趙飛燕最終自盡而亡。

就這樣，雖然趙飛燕並沒有干預朝政，但還是落得個自盡的下場，紅顏消散。如果把趙飛燕稱之為中國古代傑出的舞蹈家，她可謂是當之無愧。但站在政治的角度上看，趙飛燕確實也是淫惑皇帝的代表人物之一。

「娶妻當娶陰麗華」

陰麗華，是一個幸運的女人，也是一個幸福的女人，擁有「沉魚落雁，閉月羞花」之容的她，同樣具有溫和善良，善解人意的真性情。這樣一位絕代美女，遇到了專情的皇帝——劉秀，便譜寫了一個美麗的神話。劉秀是一位風度翩翩的君王，貌似潘安，他與陰麗華可以稱得上郎才女貌，天作之合。說到他們的結合，可以算得上是一段佳話。

當年身無分文的沒落皇族劉秀，早就聽聞陰麗華的美貌，時常幻想著她的容貌，想像著有一天陰麗華可以嫁給自己。雖未見其人，但是，劉秀早就下決心將來一定要娶陰麗華為妻，於是，就有了「娶妻當得陰麗華」的典故。一次偶然的機會劉秀的姐夫鄧晨帶著劉秀去拜見陰麗華的哥哥陰識，碰巧看到陰麗華在院子裡為牡丹花澆水，劉秀看到這一幕時，整個人都被吸引了，眼神裡充滿愛意，滿含溫柔地、目不轉睛地欣賞著陰麗華的每一個動作。醉翁之意不在酒，名義上是在欣賞牡丹花，實際上他是沉迷於陰麗華的一顰一笑。姐夫深知劉秀的心意，也不便打擾，就在一旁觀看。事後，鄧晨對劉秀說：「如果是以前的話，你們可謂是門當戶對，但是現在，你怎能高攀得起呢？人家可是陰家的掌上明珠，現在的你是一個窮小子，沒事業，沒家世，你拿什麼娶人家呢？」姐夫的一番話，讓劉秀大徹大悟，決定要幹出一番事業。

要知道事業一旦和愛情聯繫在一起，肯定會「一發不可收拾」。亂世造英雄，為了推翻王莽政權，匡復漢室，劉秀揭竿起義，百姓紛紛響應，他的雄心和抱負慢慢施展出來，在這幾年的時間裡，劉秀為了替兄報仇，忍辱負重、臥薪嚐膽，歷盡磨難，這是以前那個溫文爾

雅、含蓄內斂、與世無爭的劉秀絕對不會做出來的事。但就是在這樣艱苦的條件下，他終於實現了自己的夢，得到了陰麗華的芳心，並娶陰麗華做了妻子。兩個人鶼鰈情深，如膠似漆，但是好景不長，另一位女子就出現了，這個人就是郭聖通，郭聖通的舅舅劉揚看重劉秀一表人才，滿懷雄心大志，將來一定可以成就大事，就執意要把外甥女許配給他，劉秀不願，但是考慮到劉揚的權勢，最主要的是還需要劉揚的說明，於是勉為其難答應了，但是他心裡掛念的一直都只有陰麗華一個人。

西元二十五年，劉秀在河北柏鄉建立政權，史稱東漢，劉秀就是東漢的開國皇帝。一年後，定都洛陽。至此，劉秀終於可以和愛妻陰麗華團聚了，艱難的生活過去了，幸福的日子馬上就要開始了，多年未見的兩個人免不了卿卿我我，整日形影不離。這些被郭聖通看在眼裡，恨在心裡，對陰麗華的恨意也日漸加劇。而陰麗華的，卻始終客客氣氣，禮貌待人，即使是這樣，郭聖通的怨氣還是有增無減，每天都板著一張臉，好像陰麗華欠了她八百弔錢一樣，一直到「立后」事件發生以後。

政權漸漸穩定以後，一件讓劉秀頭疼的事也隨即而來：立后。到底後宮由誰來掌管呢？陰麗華，還是郭聖通？這兩個女人讓他難以抉擇，雖然劉秀一直中意的人是陰麗華，如果立陰麗華為后，那麼郭聖通的舅舅劉揚也不是好惹的，如果劉揚叛變，憑藉自己現在的實力肯定不能與之抗衡，心中不免有些擔憂。就在這時，劉揚叛變的消息傳來了，這正中了劉秀的心意，毅然決然地立陰麗華為皇后，卻不料陰麗華拒絕了這個所有女人都夢寐以求的位置，陰麗華的說辭讓劉秀啞口無言。陰麗華說：「立后不是兩個人的事，是天下人的事。我出身貧寒不說，至今沒有給你生下一男半女；而郭聖通呢？她給你生下了長子劉強，我不知道自己以後能不能生育，「不孝有三，無後為

大」。感謝一直以來你對我的寵愛，我也很愛你，但還是要從大局出發，不能兒女情長。」陰麗華的一席話讓劉秀深感欣慰，自己的妻子如此的深明大義，實感欣慰。西元二十六年，劉秀下詔書，宣佈立郭聖通為皇后，長子劉強為太子。

通過這件事，郭聖通對陰麗華充滿了感激之情，對她的態度也有了改觀，親切的稱呼陰麗華為姐姐，經常去宮裡探望陰麗華。而劉秀呢？對於陰麗華讓后位這件事，劉秀一直覺得愧對陰麗華，認為只有給她更多的疼愛才能彌補。於是就經常去陰麗華的寢宮，噓寒問暖，關愛備至，有時一天就會去好幾次，兩個人的感情更加深厚，為了彌補陰麗華，劉秀開始對陰麗華的家人封侯封地，但是陰麗華卻說自己只是一個妾，不能接受。這樣的話語讓劉秀更是心生憐憫。每次出征打仗，劉秀都會把陰麗華帶在身邊。劉秀把整顆心都放在了陰麗華的身上，郭聖通猶如被打入冷宮，而對於郭聖通來說，如果劉秀的疼愛與皇后的位子可以選擇，她寧願要劉秀更多的疼愛，也不願要皇后的位子。但是，郭聖通就是郭聖通，永遠也不會成為陰麗華，劉秀永遠不會愛上她，她只能認命。更讓郭聖通憂心的是，陰麗華為劉秀生下了劉莊，劉莊聰明可愛，為人善良，待人寬厚，深得劉秀喜愛，而對於劉強卻多了幾分忌憚。郭聖通看在眼裡，心生歹心，於是設計將陰麗華的母親和哥哥殺害了。陰麗華傷心欲絕，整日以淚洗面，劉秀為此痛心不已，決定徹查此事，於是揪出了幕後的郭聖通，劉秀龍顏大怒，下旨廢除了皇后，但是心性仁慈的劉秀並沒有廢除太子，這也是讓郭聖通感到欣慰的地方。

陰麗華終於坐到了皇后的位置上，這是劉秀多年的願望。陰麗華溫柔賢淑，即便是當上了皇后，對於郭聖通依然謙恭有禮，並沒有因為以前的恩怨而落井下石。郭聖通一顆冰冷的心終於漸漸被融化了，性情也溫和了許多。還有太子劉強，他因為不被劉秀喜歡，所以太子

之位也是岌岌可危。後來劉強聽取了勸告，自動放棄了太子之位。劉強下臺不久，劉莊就晉升為太子，就是以後的漢明帝。

劉秀對陰麗華的感情始終如一，不曾改變，世人都會說劉秀是一個專情的皇帝，他創立了一個朝代。但是在這個歷史的光環背後，隱藏著一個柔情似水、美麗賢慧的女人，她通情達理，恭敬待人，她遠離後宮的勾心鬥角，有著清心寡欲的真性情，並深深地愛著自己的丈夫。

馳騁疆場的武將

淮陰侯韓信

　　秦朝末期，韓信跟隨項梁起義，在軍隊中並沒有引起別人的注意。項梁死後，韓信跟隨項梁的侄子項羽，在那裡做郎中。可是對於韓信的計策，項羽都不重視，一個將才就這樣埋沒軍中。直到劉邦入蜀之後，韓信離開項羽選擇跟隨劉邦，成就大事。韓信在劉邦的身邊得到了夏侯嬰的賞識，夏侯嬰於是便向劉邦舉薦他，但劉邦因為並沒有發現韓信有什麼特殊的才能，所以也只是給了他一個很閒的官職。

　　劉邦的大將蕭何對韓信也是讚賞有加，一再向劉邦推舉，劉邦便封韓信為將，劉邦問韓信治國安邦有什麼好的對策。韓信問劉邦：「現在您的最大的敵手便是項羽彝那如果從兵力的英勇、強悍和精良方面來看，大王感覺誰更勝一籌？」劉邦聽了韓信的話後，思考了很久，發現自己的兵力完全不能與項羽相比。韓信隨後又說道：「不僅僅是大王這麼想，我心裡的結論和您是一樣的。但是我曾經在項羽身邊侍奉多年，對他的為人處世十分的熟悉。項王的威嚴自是無人能比，一聲怒喝便可令千人顫抖，可是他最大的缺點是不能做到知人善任，埋沒了許多的良將，因此頂多也只是匹夫之勇。項王對待自己身邊的人和部下一向是關愛有加，恭敬溫和，甚至有的人得了一點病，他都會同情得掉下眼淚，還把自己的食物分給他們，這本應該是好事，可以收買人心。可是在項羽的麾下做事，有功應該嘉獎的時候，項羽卻又不捨得將一點小小的權利分給大家，這就是婦人之仁。項王現在雖然已經是稱霸天下，號令諸侯，但是他卻把都城定在了彭城而並不是關中，再加上項羽違背了與義帝之間的約定，按照自己的喜好分王，這也使得各個諸侯都憤憤不平。諸侯又見項王不顧情義將義帝驅逐於江南，便都回到自己的封地，不願再跟隨項羽。項羽本身是一

個英雄，但是他的部隊凡是路過之處，無惡不作，遭到黎民百姓的怨恨，就算是被迫臣服於他，也都是心有不甘。項羽雖然已經是天下的英雄，但實際上民心盡失，所以說項羽的強大只是表面的！如果大王您能夠汲取項羽的教訓，知人善任，籠絡天下能人異士，還用畏懼敵人的強大嗎！平等待人，把土地平均分給有功勞的大臣，他們捨你其誰！帶領著勇猛的士兵，士氣強大，敵人的銅牆鐵壁有什麼可怕！更何況三秦的章邯、董翳、司馬欣原本都是秦國的將領，並且帶領秦兵已經有好幾年，秦兵戰死沙場和陣前逃亡的人數不勝數，隨後這三秦將領又瞞著自己的屬下和首領投奔了項羽，到達新安之後，項羽斬殺了這二十多萬秦兵，唯獨留下了章邯、董翳、司馬欣三人的性命，秦人早就對他們三個人恨之入骨。而現在項羽卻不顧他人的反對，強行封這三人為王，可惜秦國百姓卻都不甘心臣服於他們的統治。當年您攻入武關的時候，對於城中的百姓一點也不侵犯，還將嚴酷的刑法廢黜，贏得了眾多百姓的愛戴，您稱王乃是民心所向。可是項羽沒有遵守當初的約定，不僅沒有讓您在關中稱王，還將您派遣到了漢中做王，這讓秦國百姓對項羽充滿了怨恨。現在大王只要發出號令，攻打三秦的封地，不費吹灰之力便可收復」。

劉邦聽了韓信的話，非常高興，有種相見恨晚的感覺。從那以後，劉邦對於韓信的建議幾乎都是全部採納，經過一番部署，便只攻打三秦的屬地，正如韓信所說，劉邦很容易便攻佔了屬地。韓信從這以後便跟著劉邦南征北戰，立下汗馬功勞，為了劉邦而征戰天下。

隨後，韓信又連著滅魏國、徇趙、震燕國，又平定齊國，接著他又派人向劉邦建議到：「齊國一向詭計多端，恐怕不會這麼容易就歸順，需要有人能夠代理此地，我懇請大王能夠讓我管理齊國，對於現在的形勢而言這是最好的辦法。」此時的劉邦正於項羽周旋，無暇顧及，只得答應韓信的要求，並且命令韓信帶兵攻打楚軍。

　　齊國落入劉邦的手中，三秦王也戰死，這讓項羽十分恐慌，於是便派盱臺人武涉去說服韓信與他聯手攻打劉邦，平分天下。韓信沒有答應，說道：「我在項王身邊效勞很多年，也只不過做了一個郎中，也就相當於一個執戟之士。正是因為項王不願意採納我的計策，懷才不遇的我這才選擇離開楚國歸順在劉邦旗下。而漢王劉邦則是授我為將軍，將幾萬兵馬讓我統率，還會把自己的衣服脫掉給我穿上，把自己的食物分給我吃，並且對於我的建議幾乎都會採納，才讓我的抱負得以施展。漢王待我如此，如果我背叛他的話肯定是不會有好下場的。所以就算是死我也不會背叛劉邦，也謝謝項王現在能夠如此看重我。」

　　這一次的遊說並沒有成功，而齊人蒯通也都明白楚漢之爭的關鍵便在於韓信的身上，於是他去勸說韓信，告訴他現在雖然只是臣子，但是卻功高震主，名聲甚至比劉邦都要高，這是很危險。韓信聽了這番話，也覺得有理，但是還是沒有下定決心背叛劉邦，隨後又想自己的功勞很大，劉邦應該不會對自己下手的，這樣一想，也便沒有在意蒯通的計謀。

　　項羽兵敗之後，他帳下的將領鍾離昧平時與韓信有幾分交情，便來投奔他。西元前二〇一年，有人向劉邦舉報韓信起兵謀反。劉邦卻信以為真，韓信聽後，以為自己並沒有什麼錯誤，便想親自向劉邦解釋清楚，可是又害怕劉邦把自己綁起來，便和自己的好友鍾離昧商量，鍾離昧聽後說：「劉邦現在之所以不敢輕舉妄動，就是因為我在你這裡，他不知道你是否投靠了楚國，你如果想用我的命換取劉邦對你的信任，那麼我死後，第二個便是你，看來你也並不是什麼德行高尚的人。」結果鍾離昧自盡身亡。韓信拿著鍾離昧的首級去拜見劉邦。沒想到劉邦一聲令下，便將韓信綁起來，這個時候韓信才真正明白了鍾離昧的意思，隨後便貶韓信為淮陰侯。

　　韓信被貶以後，他知道劉邦擔心他的才能，所以常常藉口身體不適，而很少去上早朝或者是跟著出行。韓信從此心生幽怨，鬱鬱寡歡。

　　韓信在被劉邦軟禁期間，最多的時間便是與張良整理很多的兵家書籍，總共整理出來一百八十二家，這是中國歷史上第一次真正意義上的大規模的兵書整理，是中國軍事研究不可多得的財富。

　　西元前一九六年的冬天，大漢王朝的一代功臣韓信在長樂宮鍾室死去，終年只有三十三歲。劉邦還將其誅滅三族，幾千無辜人的生命，將整個長安城染成了血紅色，哀聲滿天，使天下人為之動容，據說，韓信被滿門抄斬的那天，寒風肆起，大雪紛紛，滿城人為這開國元勳悲歎。蕭何一語中的，想謀反的人怎麼會像韓信這樣坦率呢？韓信沒有辜負漢朝，而漢朝卻辜負了他，淮陰侯的死真的是冤枉啊！過了沒有幾日，漢高祖劉邦親自審問了蒯通。「那日你對韓信說的話，究竟是什麼意思？」蒯通道：「我們項王讓我告訴韓信，說如果繼續跟著您也不過就是一個小小的諸侯，而如果背棄您，就會富貴至極，並且還說，如果背叛漢朝，將與韓信平分天下。」漢高祖聽後又問：「那麼韓信是怎麼說的呢？」蒯通悲歎一聲說道：「韓信說：『漢王劉邦待我不薄，讓我坐他的車子，還脫下自己的衣服讓我穿，分給我他自己的食物。我聽說，坐了別人的車子就要為人解決患難，而穿了別人的衣服則要為別人擔憂，吃了別人的食物就要為他人辦事，直至死去，我怎麼可以因為眼前的這點小利而做一個背信棄義的小人呢？』」漢高祖聽了這番話，頓時愣住，很久都沒有說出一句話，只是眼中一直含著淚水。蒯通接著說道：「漢王你之所以能夠得到天下，基本上都是依靠著韓信的功勞。但是韓信卻不聽我的勸告，一直顧念著陛下您的恩情，帶領著軍隊攻打楚國，讓項王兵敗於垓下，從這些種種跡象來看，他的反心在哪裡？悲哀啊，當時，楚漢之爭的最

終勝利都取決於韓信的身上，韓信卻絲毫沒有反心，不肯歸順楚國，如今天下已定，並且手中毫無兵權，這個時候韓信心中卻有了反叛之心，去勾結陳豨，意欲造反，從這些看來，韓信真是愚蠢之極啊！」面對蒯通的質問和諷刺，漢高祖無顏以對，也不願再聽下去了，於是便命自己的屬下將蒯通拉下去處置了。

漢初三朝元老之一灌嬰

　　潁陰侯灌嬰原本只是睢陽的一個販賣絲繒的小商人。劉邦在剛起兵反秦時，自立為沛公，到處攻打城池，掠奪土地。後來，劉邦來到雍丘城下，章邯打敗並殺死了項梁。而沛公也撤退到碭縣一帶，灌嬰便以內侍中涓官的身份跟隨沛公，在成武打敗了東郡郡尉的軍隊，在槓裡打敗了駐軍守的秦軍。由於其殺敵勇猛，被賜予七大夫的爵位。

　　後來，他又跟隨沛公南征北戰，因其戰功卓越，又被賜予過執帛的爵位和執珪的爵位。

　　沛公成為漢王以後，灌嬰又跟從漢王繼續向漢中進軍，到了十月，灌嬰又被漢王任命為中謁者。他憑藉自己對漢王的忠義和自己的英勇無畏的精神又跟從漢王將三秦平定了，繼而攻下了櫟陽城，把當時人稱刺頭的塞王司馬欣也降服了。又經歷了廢丘一戰，但是最終未能取得勝利。他跟隨漢王出戰臨晉關，將殷王董翳降服，並且平定了董翳統轄的地區。不久又遇到了項羽的部下龍且和當時魏國的丞相項他所帶領的軍隊，於是在定陶以南地區展開激戰，經過一番非常激烈的廝殺以後，最終灌嬰取得了勝利。這一戰，他又因功被封賞並賜予列侯的爵位，賜號昌文侯，食邑為杜縣的平鄉。

　　此後他以中謁者的身份繼續跟隨漢王劉邦並為其拿下了碭縣，繼而向彭城進軍。但這一戰並未取得勝利，項羽領兵將漢王的軍隊打得大敗，於是灌嬰就追隨漢王向西撤退，最後駐紮在雍丘。後來漢王的部下王武和魏公申徒聯合起來謀反，灌嬰追隨漢王討伐他們，並且大獲全勝。他們將外黃攻下，後向西開始招募士卒，並且駐紮在了滎陽。不久項羽又帶兵對他們進行攻擊，這次項羽的軍隊以騎兵居多，漢王為了抵禦項羽的騎兵軍隊，想要在自己的軍隊中挑選一些能夠帶

領騎兵反擊的優秀將領，原來秦朝的騎士李必和駱甲，因為他倆對騎術比較在行，同時他們又都在軍中擔任校尉等職務，因此大家覺得他們應該可以擔當這個重任。漢王考慮了一下，正準備任命這兩個人，但是他們對漢王說：「我們本來是秦朝的人，現在在軍中能夠擔當要職，恐怕至今軍隊中也會有人對我們產生懷疑，所以請您還是重新選擇人選，委派一名大家都信任並且一直跟隨您，而且又擅長騎射的人成為我們的領導人吧。」當時的灌嬰雖然年齡不大，但是在以往的戰鬥中都能夠勇猛殺敵，所以最後將他任命為中大夫，然後讓李必和駱甲擔任該軍隊的左右校尉，和楚國的騎兵在滎陽交戰，最終把楚國的軍隊打得大敗。然後漢王又命令灌嬰單獨率領軍隊對於楚軍的後方進行襲擊，使楚軍的糧食供應線被斷絕了。繼而又在魯國一帶，將項羽的將領項冠帶領的軍隊打敗了，灌嬰帶領的軍隊與項羽一戰取得了勝利。此後軍隊就在燕國西部一帶駐紮下了。灌嬰率領的部下將士們個個忠義，奮勇殺敵，連斬五個樓煩將領，並且在其它的戰役中也大獲全勝。最後灌嬰又帶領自己的騎兵軍隊南渡黃河，把漢王護送到洛陽，然後灌嬰又被漢王派去邯鄲迎接當時的相國韓信帶領的部隊。等他回到敖倉時，就被漢王任命為了御史大夫。

在西元前二〇四年，他率領郎中的騎兵歸屬於韓信的部隊，任職御史大夫。後來在與齊國的戰爭中，他率領的部下俘虜了敵軍的車騎將軍華毋並且傷及將吏多達四十六人。給予敵軍重創，並且最終迫使敵軍投降，這一戰又大獲全勝，一舉奪得了臨菑，並且活捉了齊國的守相田光。灌嬰又率領自己的軍隊乘勝追擊，在千乘齊國的將軍田吸被打敗。隨即韓信的部隊開始引兵向東，灌嬰也跟隨其在高密開始進攻龍且和留公旋率領的軍隊，所有士卒都奮力搏殺，斬殺敵軍將領和士卒無數，灌嬰親手將亞將周蘭活捉了。

齊地被韓信平定以後，他就在該地區自立為王，稱齊王。並且隨

後派遣灌嬰獨自帶領軍隊去攻打當時魯北的楚將公杲，獲得審理以後，灌嬰繼續奉命揮師南下，親自俘虜了薛郡郡守的騎兵將領。接著又開始向傅陽進攻，並且將淮南的城邑全部降服了，然後就率兵到達了廣陵。在此之後項羽又派人重新收復了淮北。聽見這個消息後，灌嬰又帶領自己的軍隊北上淮河，在下邳大敗項羽的軍隊，拿下了下邳。在平陽又遇到了楚軍的騎兵，接著就把彭城降服了，俘虜了楚國的項佗，一路降服了多個縣邑。後來他又開始對苦縣，譙縣進行攻打，再次將亞將周蘭俘獲了。最終在頤鄉和漢王率領的軍隊進行了會師。然後跟隨漢王的軍隊在陳縣一帶將項羽一舉擊敗了。漢王為了獎賞灌嬰，為其又增加了食邑二千五百戶。

戰爭結束以後，天下大勢初步形成，漢王最終被擁立為皇帝，他又封賞給灌嬰食邑三千戶。本年秋天，他又被任命為車騎將軍，跟從漢高祖攻打燕王臧荼的軍隊，並且再一次大獲全勝。第二年，灌嬰跟從漢高帝在陳縣將叛變的楚王韓信虜獲了。回到朝中之後，漢高祖剖符作為信物，使灌嬰世世代代都能夠享受恩澤，並且被封為潁陰侯，又把潁陰的兩千五百戶給了他作為食邑。

在此之後，灌嬰又以車騎將軍的身份隨高帝到代國討伐韓王信，行軍到達了馬邑，皇帝就命令灌嬰率領軍隊去攻打了樓煩以北的六個縣，並且將其降服了，趁此機會還把代國的左丞相給斬了，然後在武泉以北的地方將進犯的匈奴騎兵擊敗了。漢高祖又帶領灌嬰等人在晉陽一帶與韓王信的騎兵展開了激戰，這一戰受到了匈奴大軍的包圍，漢高帝立刻帶領軍隊退回到東垣。

在這次跟隨漢高帝進攻陳豨的時候，皇帝派灌嬰單獨進攻曲逆一帶陳豨丞相侯敞所帶領的一批軍隊，並且在戰爭中大敗敵軍，灌嬰率領的軍隊不僅殺死了侯敞等多名大將，還降服了多個地方，最終把東垣攻克了下來。

　　為了征討黥布造反，漢高祖派灌嬰以車騎將軍的身份率領軍隊率先出征，在相縣就與黥布別將多帶領的軍隊展開了廝殺，灌嬰帶領自己的軍隊經過英勇的戰鬥斬殺敵軍大將三人。隨後灌嬰又帶領軍隊攻打黥布上柱國和大司馬率領的軍隊。在戰鬥中灌嬰親手將左司馬活捉了，他率領的軍隊也在戰鬥中斬殺敵軍小將數十人，然後他乘勝追擊敵人一直到了淮河沿岸。此戰大獲全勝之後，漢高祖又封賞給他二千五百戶的食邑。

　　灌嬰在歷經的數次征戰中，他隨高祖皇帝總共俘獲了兩個較大的敵軍官吏，另外他率領自己的部隊打敗了十六支敵軍，共降服了四十六座城池，其中一個諸侯國、兩個郡、五十二個縣被他平定了，俘獲了兩個將軍，柱國和相國各一人等俸祿為二千石左右的官吏十幾人。

　　灌嬰平定了黥布的叛亂回到京城時，漢高祖去世了。灌嬰就被加封為列侯一職，在孝惠帝和呂太后身邊供職。在呂太后去世不久，呂祿等人就帶兵駐守長安，並且企圖發動叛亂，自立為王。後來灌嬰聯合齊哀王平定叛變之後，齊王帶領自己的軍隊回到了自己的封地。灌嬰也就帶兵回到了京城，和朝中的大將周勃、陳平等人共同擁立代王為帝。孝文帝即位以後，又給灌嬰加封了三千餘戶的食邑，並且賞賜給他一千斤黃金，同時也被任命為太尉。

　　三年之後，原來的丞相周勃辭去了自己的官職並回到了自己的封地，灌嬰開始擔任漢朝的丞相。就在這一年，匈奴又大舉進犯漢朝邊境，皇帝派灌嬰帶領漢朝軍隊進行反擊。剛剛擊退進犯的匈奴，濟北王劉興居就意圖謀反，於是皇帝就命令灌嬰收兵回京，並且派其去平定謀反。第二年，灌嬰就逝世了，皇帝封其諡號為懿侯。並且世襲官位。

　　灌嬰從一開始就追隨漢高祖，並且在戰爭中英勇無畏，最終幫助漢高祖成就大業，也成了西漢王朝的開國功臣，為漢朝江山的穩固立

下了汗馬功勞，並且也連續歷任漢朝的車騎大將軍、御史大夫、太
尉、丞相和潁陰侯。呂后死之後，他又與周勃等朝中大臣斬除呂家的
叛亂勢力，保住了漢朝江山，擁立漢文帝，對於大漢王朝來說，他可
謂是漢初的三朝元老。

西漢勇將周亞夫

　　與別人不同，周亞夫本來沒有做王侯將相的野心，他安於現狀，寧願只做一個小小的河內郡守。但當時有個叫許負的老太太，以善於看面相著名。有次，周亞夫請她到自己的官府中，為自己看相。許負對周亞夫說：「以您的面相來看，您的命相是比較尊貴，三年之後就可以封侯，再經過過八年的時間，就有機會可以做丞相了，到時候您的地位就顯貴了。但卦象裡顯示這種富貴您只能享受九年，九年後，也是您生命終結的時候了，您會因為飢餓致死。」

　　周亞夫完全不相信許負的話，覺得她是在癡人說夢。他說：「我是絕對不可能被封侯封相的，更不要說丞相了，那簡直是白日做夢。因為哥哥已經是侯爵，即使哥哥死了也還有侄子來繼承侯爵之位，又怎麼會輪到我啊？你說我餓死就更是笑談，正如您所說我後來尊貴了，又怎麼會是餓死的呢？」

　　許負也被問得啞口無言，只說她只是根據面相而得出的結論，許負笑著用手指指著他的嘴角說：「在您嘴的邊緣有一條豎直的紋延伸到了嘴角邊緣，這顯然是一種餓死之相。」周亞夫淡淡一笑，很不以為然，因為這種事無論換誰都不會信的。

　　事情也有湊巧的時候，三年之後，周亞夫的哥哥因為殺人罪而被剝奪了爵位。這還算是比較輕的，因為文帝念在他父親周勃曾經為漢朝建國立下汗馬功勞，所以不忍心就此削去了周家的侯爵之位，便下令推選周勃兒子裡最有能力的一位來繼承侯爵之位，因為平時周亞夫待人寬厚，為人正直，毫無疑問，周亞夫以高票當選。

　　漢文帝自執政以來，本著勤政愛民之心，繼續實行與民休息與輕繇薄賦的政策，使得國家和樂安康。西元前一五八年，即漢文帝二十

二年，匈奴進犯，北部邊境重燃戰火，文帝急忙調邊將鎮守防禦。為了保衛京師，文帝派三路軍隊到長安附近抵禦守衛。宗正劉禮駐守在灞上，祝茲侯徐厲駐守在棘門，河內太守周亞夫則守衛細柳。

作為一國之君，文帝親自到三路軍隊裡去犒勞慰問。文帝比較低調，他先到灞上，再到棘門，這兩處都不用通報，見到皇帝的車馬來了，軍營無一例外都主動放行。因為沒有得到事先通知，文帝的到來，讓他們措手不及，慌神走板。送文帝走時也是親率全軍送到營寨門口，但這並沒有讓文帝龍顏大悅。

視察了前面兩個營寨，文帝稍有失望。到了周亞夫的營寨，卻有不同。按說國家元首到來作為主將應該高規格接待才是。現在，不僅不出寨迎接，還讓軍門的守衛都尉說：「將軍有令，軍中只聽將軍命令，不聽天子詔令。」這簡直豈有此理！文帝派使者拿自己的符節進去通報，周亞夫這才命令打開寨門迎接。守營的士兵還嚴肅地告訴文帝的隨從：「將軍有令：軍營之中不許車馬急馳。」沒辦法，車夫只好控制著韁繩，不讓馬走得太快。到了軍中大帳前，周亞夫一身戎裝，出來迎接，手持兵器向文帝行拱手禮：「介冑之士不拜，請陛下允許臣下以軍中之禮拜見。」身為皇帝，文帝最喜聞樂見的就是在國家危難之際臣子為他分憂解難，而周亞夫做到了。文帝大為感動，欠身扶著車前的橫木向將士們行軍禮。

勞軍完畢，出了營門，文帝感慨萬千，於是對群臣說：「這才是真將軍啊！那些灞上和棘門的軍隊，簡直是兒戲一般。如果敵人來偷襲，恐怕他們的將軍也要被俘虜了。可周亞夫怎麼可能有機會被敵人偷襲呢？」可以看出，文帝對周亞夫讚譽有加。

有這樣從嚴治軍的將軍，任他匈奴再強大，恐怕也要畏懼三分。果不其然，一個月後，匈奴兵退去。文帝大喜，作為獎勵，提升周亞夫為中尉，掌管京城的兵權，負責京師的警衛。

　　後來，文帝病重彌留之際，囑咐太子劉啟也就是後來的景帝說：
「以後關鍵時刻可以用周亞夫，他是可以放心使用的將軍。」景帝給
了周亞夫另一個頭銜驃騎將軍。

　　英雄不能無用武之地，做了驃騎將軍的周亞夫還真是不得清閒。
西元前一五四年，即漢景帝三年，吳王劉濞勾結楚王劉戊、膠東王劉
印等七國發動叛亂，為了使自己的叛亂合理化，煞有介事地打出「誅
晁錯、清君側」的大旗。景帝當然不會坐以待斃，升周亞夫為太尉，
領兵平叛。

　　周亞夫不愧是一代軍事家，做事有分寸，打仗有韜略。他知道叛
軍正在猛攻梁國，但並不想直接救援，於是向景帝提出了自己的戰略
計劃：「楚軍素來剽悍，戰鬥力很強，如果正面決戰，難以取勝。我
打算先暫時放棄梁國，從背後斷其糧道，然後伺機再擊潰叛軍。」景
帝覺得計劃可行，所以點頭同意了。

　　於是，周亞夫繞道進軍。到了灞上時，遇到一位名叫趙涉的士
人，趙涉建議他再往右繞道進軍，以免半路受到叛軍的襲擊。周亞夫
聽從了趙涉的建議，走藍田、出武關，迅速到達了洛陽。

　　此時的梁國正處於千鈞一髮之際，梁王向周亞夫求援。周亞夫卻
派軍隊向東到達昌邑城（在今山東巨野西南），堅守不出。梁王再次
派人求援，周亞夫還是不發救兵。沒辦法梁王只好寫信請示景帝，景
帝又下詔要周亞夫進兵增援，這個面子可夠大了，不能不給吧！周亞
夫還是不為所動。原來周亞夫另有謀略，他暗中派軍截斷了叛軍的糧
道，還派兵劫去叛軍的糧食。叛軍只好先來攻打周亞夫，但任憑你怎
麼挑戰，周亞夫就是堅守不出。

　　由於戰事持久，叛軍事先沒有做精心部署，導致軍糧短缺，只能
敗下陣來。周亞夫取得了空前的勝利。叛軍頭領劉濞的人頭也被越國
人割下送來。這次叛亂經三個月就很快平定了，這不得不說是周亞夫

的功勞。戰爭結束後，大家這才紛紛稱讚周亞夫的用兵之道。

　　景帝喜歡選賢任能，對於周亞夫這種才華出眾的人，他總想適時提拔一下。西元前一五二年，丞相陶青有病辭職，景帝覺得時機成熟了，就任命周亞夫為丞相。這也成為了周亞夫人生悲劇的開始，起初景帝對他恩寵有加，但周亞夫生性耿直，不會變通，經常頂撞景帝，後來自然備受冷落了。

　　有一次，景帝要廢掉栗太子劉榮，劉榮是栗姬所生，所以叫栗太子。但周亞夫卻反對，這不等於在老虎嘴裡拔牙嘛！當然碰釘子了。再加上在平叛七國之亂這件事上與他結仇的梁王每次到京城來，都在太后面前煽風點火，使別人對他的印象大打折扣。

　　後來，有兩件事導致了周亞夫的悲劇。一件是皇后的兄長封侯，一件是匈奴將軍封侯的事。竇太后想讓景帝封皇后的哥哥王信為侯，但景帝不願意，說竇太后的侄子在父親文帝在世的時候也沒有封侯。竇太后說她的哥哥在世時沒有封侯，雖然侄子後來封了侯，但總覺得對不起哥哥，所以勸景帝封王信為侯，景帝只好推脫說要和大臣商量。

　　之前儘管周亞夫沒少得罪景帝，但景帝都念在他為朝廷效力多年，並沒追究，並且，有疑難問題，還是喜歡向周亞夫求教。這次也不例外。景帝認真傾聽周亞夫對這件事的意見，周亞夫倒很爽快，直言不諱，他說：「高祖說過，不姓劉的不能封王，沒有功勞的不能封侯，如果封王信為侯，就是違背了先祖的誓約。」景帝自然是無話可講。

　　後來匈奴將軍唯許盧等五人歸順漢朝，景帝非常高興，想封他們為侯，以鼓勵其它人也歸順漢朝，周亞夫很沒眼色反對說：「如果把這些背叛國家的人封侯，那以後我們如何處罰那些不守節的大臣呢？」

如此不識大體景帝很是窩火：「丞相的話迂腐不可用！」皇帝畢竟是皇帝，言出必行。然後將那五人都封了侯。周亞夫自討了一個沒趣託病辭職。與以往不同，景帝不再念及舊情，馬上批准了他的要求。

此後，景帝又把他召進宮中設宴招待，想試探他脾氣是不是改了，故意在他的面前不放筷子。周亞夫不高興地向管事的要筷子，景帝笑著對他說：「莫非這還不能讓你滿意嗎？」周亞夫羞憤不已，不情願地向景帝跪下謝罪。景帝剛說了個「起」，他就馬上站了起來，不等景帝再說話，就自己走了。景帝歎息著說：「這種人怎麼能輔佐少主呢？」

事情遠遠沒有結束，老邁的他又遭禍事。周亞夫的兒子見他已到花甲之年，就偷偷買了五百甲盾，準備在他去世時發喪用，這甲盾是國家禁止個人買賣的。周亞夫的兒子給傭工期限少，還拖欠工資，傭工心裡氣不順，一怒之下向國家有關部門檢舉揭發他私自購買國家禁止的用品，要謀反。景帝盛怒，派人追查此事。

負責調查的人叫來周亞夫詢問原因。周亞夫一直被蒙在鼓裡，毫不知情，對問的問題一問三不知。負責的人以為他在賭氣，便向景帝報告了。景帝很生氣，後果很嚴重，將周亞夫交給最高司法官廷尉審理。

廷尉問周亞夫：「君侯為什麼要謀反啊？」

周亞夫答道：「兒子買的都是喪葬品，怎麼說是謀反呢？」

廷尉諷刺道：「你就是不在地上謀反，恐怕也要到地下謀反吧！」

周亞夫受此屈辱，更是難以忍受，於是絕食抗議，五天後，吐血身亡——最後的這個結局果真是餓死的。

周亞夫曾事文帝、景帝兩朝。文帝勞軍細柳，稱周亞夫為「真將

軍」。其「英風直節，瀕死不衰」，以至禍患加身，冤屈而死。周亞夫「高名卓行，足以為萬世委質者訓」，是可以彪炳後世的榜樣。

　　司馬遷在《史記》中對周亞夫的軍事才能稱讚的同時，也為他惋惜，說他因為過於耿直，對皇帝不尊重，結果導致悲劇結局，令人感慨。

大將軍衛青

　　衛青的父親其實並不姓衛，他是一個私生子。這件事的來龍去脈還要從他悲慘的童年說起。他的母親是平陽公主夫家的一個婢女，因為他母親的丈夫姓衛，所以後人稱她母親為衛媼。衛媼為她的丈夫衛家生了四個孩子。後來衛媼的丈夫死後，她仍留在平陽公主家做女僕。後來因為與平陽公主家的鄭季私通，就生下了衛青以及他的兄弟姐妹三人。也就是說，其實為衛青的父親是平陽公主家做事的小吏鄭季。後來因為衛青同母異父的姐姐衛子夫入宮得到了漢武帝的寵愛，所以她母親生的七個孩子都姓了衛。

　　在衛青七八歲時，由於他的母親要撫養七個孩子，感覺生活非常艱難，後來就把小衛青送到了鄭季的家裡。按當時的規定，小吏的兒子是可以上學讀書的。但私生子的身份使衛青在鄭家受到了歧視，連他自己的親生父親都不憐惜他，他在鄭家經常遭受到其它同父兄弟們的欺辱，甚至讓他去山上放羊，還把他當作奴僕使喚。後來，在衛青稍微大一點的時候，終於忍受不了鄭家的折磨，就回到了母親那裡。在那裡，有一天平陽公主無意間看到了他，對這個英俊懂事、勤奮好學的青年非常喜歡，就讓他做了自己的侍從騎奴。

　　衛青生性聰明好學，在他當騎奴的日子裡很快掌握了騎射技術，這為他以後的生涯打下了基礎；而且他還慢慢地學到了一些文化知識，對於上層階級的禮節也有了些瞭解。由於他對鄭家人的怨恨，最終他決定不再姓鄭，冒姓為衛，完全斷絕與鄭家的關係。

　　平陽公主平日裡培養了一批能歌善舞的美女，想以此來討得皇帝弟弟的歡心。衛青同母異父的姐姐衛子夫就是公主府裡出了名的才貌雙全的歌女。他們一家人都在公主府裡為奴，過著寄人籬下的生活。

一次，漢武帝出席祈福儀式，在回宮的路上就順便進了平陽公主家。宴席間，平陽公主讓自己平日培養的那些歌姬出來為皇上表演，競展歌喉。漢武帝被衛子夫的美貌和婉轉的歌聲而傾倒，於是就將她召來寵幸。

建元二年的春天，也就是西元前一三九年，漢武帝將衛子夫選入宮中，衛青的命運也因此而改變了，被召到建章宮裡當差。

衛子夫進宮後一年都沒有見到漢武帝。就在她將要被遣散回家的時候又再度得到了皇帝寵幸。這個時候的衛青也正受訓於上林苑建章宮內。在宮裡受訓的日子對他以後的軍事生涯起了很大的幫助。由於衛青的聰明和生性隨和，他結識了好多朋友，騎郎公孫敖就是其中的一個。

衛子夫受到皇帝的寵愛，並且很快就有了身孕，這讓當時的陳皇后是非常嫉妒。陳皇后是館陶長公主的女兒陳阿嬌，當年漢武帝對其許下了「金屋藏嬌」的誓言。後來漢武帝即位，陳阿嬌立為皇后，但是卻一直沒有生下孩子。所以她擔心衛子夫誕下皇子之後會對自己的地位產生威脅。可是她自己又不敢加害衛子夫，就去找她的母親館陶長公主想辦法。大長公主館陶公主為了不讓女兒丟掉后位，就隨便給衛青安了個罪名，把他抓了起來，並準備殺死他。就在這時候，衛青的好朋友公孫敖得到了消息，立即召集了幾名壯士去解救他。終於把衛青救了回來。另一方面還派人將這件事秘密告訴了漢武帝。這讓漢武帝非常生氣，不僅對衛子夫進行了加封，還召見了衛青，並對其封了賞，加了官。

後來陳阿嬌又以「巫蠱」的伎倆詛咒衛子夫。漢武帝知道後就廢了陳阿嬌並且把她打入了冷宮。再後來，衛子夫生下一名男孩，被漢武帝冊封為皇后。

當時漢朝整個局面其實是被竇太皇太后控制著，漢武帝是有名無

實。他力主改革，想實現自己的政治理想，所以漢武帝迫切需要吸收一些新鮮血液壯大自己的勢力。在這個時候，衛青就成為了漢武帝近臣的一分子，也奠定了日後他被委以重任的基礎。

西漢初年，匈奴的問題一直是朝廷的一個大麻煩。由於匈奴的實力日漸強大。而漢初時候的西漢人力、物力都嚴重匱乏，所以漢朝最初的幾個皇帝都不敢採取回戰反擊的方式，一直以和親與通關市的方式解決問題。到了漢武帝時，西漢王朝已經相對穩定，經過原來幾十年的休養生息政策，西漢人口大增，經濟和政治各方面都得到了恢復和發展。終於，在綜合的考慮之後，漢武帝決定對肆意侵犯的匈奴進行長期討伐。後來又經過了匈奴和西漢的馬邑之戰，匈奴自此拒絕和西漢和親，而此時的漢朝也開始了對匈奴的大規模征戰。

雖然馬邑誘擊戰勞師無功，但是也使漢武帝獲得了很多啟示，也讓他看到了朝中作戰的不足。他覺得漢軍大將的戰術都過於保守，不切合實際。應該提拔一批年輕有為並且戰術靈活，英勇善戰的將領。漢武帝喜歡騎射狩獵，他認為作戰的大將也一定得善騎射。所以在選拔將領的時候，首先要考慮這方面的能力。而衛青歷來騎射技術很好，再加上衛子夫的關係，衛青就得到了漢武帝的青睞。

西元前一三〇年，也就是元光五年，年輕的衛青被封為為車騎將軍，從此開始了他驅逐匈奴的軍事生涯。西元前一二九年，匈奴再一次進犯漢朝邊境，直指河北上谷，也就是今天的河北省懷來縣一帶。漢武帝派衛青、公孫敖、公孫賀、李廣四個人去征戰，每人帶領一萬精兵攻打匈奴。這是衛青第一次出戰，後來公孫賀因為沒有遇到任何敵軍，所以一無所獲；公孫敖損失慘重，李廣被俘，只有衛青英勇善戰，最終大獲全勝。這一戰就成為了衛青軍事生涯上的轉捩點。因此這使漢武帝發現了衛青的統領才能而對其更加器重。

漢朝的這次反擊徹底激怒了匈奴，使得他們對漢朝的進犯更加倡

狂了。西元前一二八年，匈奴更加肆無忌憚，帶領騎兵大舉南下進攻漢朝邊境，一路揮兵直上，直接從雁門關進入，攻打漢朝北部邊郡。於是衛青被漢武帝派去再一次攻打匈奴。這次衛青率領三萬騎兵出征雁門關，衛青大軍長驅而進，最終再一次大獲全勝。西元前一二七年，漢武帝派衛青第三次攻打匈奴。這次征戰也是西漢對於匈奴的一次大規模征戰，並且在衛青的領導下，再一次擊退了匈奴，並佔領了河套地區。西元前一二四年春，漢武帝派衛青第四次出征匈奴。這一次衛青帶領自己的軍隊又一舉奪得了勝利。

西元前一二三年，衛青又帶領軍隊以大將軍身份前去攻打雲中、定襄、雁門等地，經過了一段時間的短期休整，在征戰中獲得勝利，迫使匈奴退到了漠北一帶，使其遠離了漢朝邊境，這就為後來漢武帝實施河西之役提供了的必要條件。

衛青，從一位家奴的私生子，雖然沾姐姐的光走入了官場。但是他最終仍是憑藉自身的勇敢和智慧，最終為自己留下了千古美名和卓著功勳。

難封侯的飛將軍李廣

　　李廣是戰國時期秦朝大將李信的後代，不僅驍勇善射，而且精通兵法，是中國漢朝時期抵抗匈奴的一員猛將。李廣的一生中與匈奴的戰爭大小一共七十多次，立下汗馬功勞，令匈奴聞風喪膽。他善於騎射，可以百步穿楊，百發百中，人們尊稱他為「神箭手」。李廣在軍營中，戰功赫赫，得了厚賞，就分給自己的部下；行軍路上，如果水少，他一定要等士卒喝完水以後，他才肯喝。因為李廣心存仁厚，愛將如子，所以他深深地受到士卒的愛戴和擁護。

　　在漢文帝十四年的時候，匈奴大舉進軍蕭關，世家子李廣要求隨軍出戰，漢文帝欣然答應。因為李廣善於騎射殺死和俘虜的敵兵很多，漢文帝決定對他論功行賞，並賜封他為騎常侍，常伴皇帝左右。有很多次在陪侍漢文帝射獵的時候，都會遇到猛獸的攻擊，李廣因為身材魁梧，奮勇搏擊，直到把猛獸殺死。李廣救駕有功，漢文帝也因此對李廣很是賞識。

　　漢文帝感歎說：「只可惜李廣沒有出生在漢高祖爭天下的年代，不然的話哪裡會有什麼萬戶侯呢！」

　　漢景帝的時候，吳楚七國的諸侯發生叛亂，漢景帝任命太尉周亞夫作為主帥統軍征討七國，飛將軍李廣隨軍出討，在山東昌邑的一場戰鬥中，他衝鋒陷陣，推倒了叛軍的軍旗，因此威名顯露，但由於他接受了梁王私下交給他的將軍印，所以在大軍還朝之時漢景帝沒有對他進行封賞。

　　後來，他又被封為太守。匈奴也經常前來挑釁，李廣在戰鬥中視死如歸，奮勇殺敵。公孫昆邪主管少數民族，他曾經對漢景帝哭訴，說道：「李廣的英勇和才幹，可以說是天下無雙，絕無僅有，但自恃

勇敢，曾經在與匈奴的幾次大戰中，都險些失掉性命。」漢景帝聽聞後，悲喜交加，不知如何是好。之後不久，李廣就被調任陝西北部上郡的太守。後來，他曾任過隴西、北地、雁門、代郡、雲中幾地的太守，而且英勇善戰的美名也被百姓廣為流傳。

　　沒過多久，匈奴軍大舉進攻上郡地界，漢景帝派人到李廣的軍中做監軍。有一次，太監率領幾十個將士走在大軍的前面，忽然三個匈奴人出現了，交戰的過程中，太監不幸被箭射傷了，於是急忙騎馬狂奔回去，並對李廣講述了事情的來龍去脈，李廣信誓旦旦地說：「這三個人一定很擅長射箭獵雕。」他立即下令去追趕這三個人。三個人捨馬步行，竟已經走了數十里路。李廣命令他的將士，把隊伍向左右兩邊展開，他隨即取弓搭箭，射死了其中的兩個，活捉了一個，走過去詢問果不其然，真的是匈奴射雕者。

　　上山時，突然出現數千敵兵，他們見李廣人馬不是很多，以為這些只是誘餌，所以驚慌失措，連忙上山佈陣，以防敵人來襲。李廣的部下見到這種情況也非常恐慌，就想趕緊回軍營。李廣淡定地說：「我們已經離開大部隊有幾十里，如果現在我們往回走，匈奴人一定會明白過來我們並非誘餌，到時候追上來，一陣亂箭就把我們殺死了。如果現在我們停留下來，匈奴一定以為我們是前來引誘上鉤的，肯定不敢上來追擊我們。」飛將軍李廣下令讓各騎兵在前行到距離匈奴的陣地有二里時，便停止前行。隨後便下令說：「都把馬鞍子卸下來！」將士們對於他的行為都很是不解，但又不得不從。他的部下疑惑地問他：「匈奴人那麼多而且我們又很近，假如發生緊急的事，我們不是只有等死的份嗎？」李廣微笑著說：「我之所以這麼做，就是為了保全大家的性命，如果他們的想法也和你們一樣，遇到緊急事件就慌忙逃跑的話，就證明我們根本就是弄虛作假，這樣他們就會立刻下山把我們殺死。而現在呢，我們卸下馬鞍表示我們根本就不逃，以

此來堅定胡騎的猜疑，讓他們認為我們就是誘騎。」果不其然，匈奴一個個的都不敢出擊。如果有人出來指揮胡兵，李廣馬上和將士奔過去把這個將領射殺，然後再奔回自己的軍中，解下馬鞍子，然後命令士兵再將馬匹放開，一個個的就地躺下。就這樣一次次的回擊，不知不覺，天已經黑了，胡騎被嚇得不敢再發起進攻。到了半夜的時候，李廣神不知鬼不覺地帶著領著部下撤離了。天剛濛濛亮時，李廣等人已經安然無恙地回到了軍營。

漢景帝死了以後，漢武帝即位。由於李廣是名將，所以漢武帝任他為未央宮禁衛守軍的長官，任命程不識為長樂宮禁衛軍的長官。守衛漢境的李廣、程不識等人都是名將，所以一起奉命抵抗匈奴。而匈奴個個畏懼李廣，聽見李廣都聞風喪膽。後來，李廣以衛尉的身份率領大軍，出師雁門關地界襲擊匈奴。匈奴兵人數眾多，大敗李廣軍隊，而且活捉了李廣。匈奴的單于平素聽聞李廣為人正直，公正賢明，便下令說：「如果抓到李廣，一定要把他活著送來！」匈奴兵俘虜到李廣的時候他正有傷病在身，為了避免讓他的傷勢再一次加重，匈奴人把李廣放在兩匹馬中間，然後把他安放在用繩子結成的網裡，躺下。走了大概十多里，李廣斜眼看到一個匈奴，於是縱身而起，把他推了下去，隨即跳上了他的馬，取下他的弓箭，策馬狂奔，一直向南奔馳了數十里，追上了與漢軍餘部，和他們一起進入漢境。數百個匈奴騎兵緊緊追趕。李廣拿出弓箭一邊跑一邊射殺胡兵，最終逃脫了。從此以後匈奴人便尊稱李廣是「飛將軍」。逃回來以後，漢武帝將李廣交予執法官審判，法官最後判決李廣兵敗後逃走的士兵眾多，更可氣的是李廣被匈奴活捉，本該斬首，但皇上念在他為漢朝立下無數戰功的份上，從輕處理，准許他納金贖罪，被貶為平民。

這件事不久，匈奴再一次進犯漢境，並殺死遼西太守，擊敗了韓安國將軍。這時天子再一次召見和拜飛將軍李廣為右北平太守。在李

廣駐守右北平的時候，匈奴聽聞「飛將軍」來了，嚇破了膽，一連幾年都不敢再入侵右北平。

元狩三年，飛將軍李廣率領四千將士出兵右北平，張騫率領一萬騎兵同他一起去，但是分路進兵。走了大約數百里路，匈奴左賢王率兵將李廣團團圍住。李廣的兵士驚慌失措，李廣淡定決斷，毅然決然派兒子李敢衝出包圍。得命後，李敢同數十名騎兵飛馳而去，拼死相搏，衝破匈奴的重重包圍。然後回來對李廣說：「匈奴已經被打敗了。」士兵們聽到後，才安穩下來。李廣下令將部隊圍成圓形，面向外，匈奴急忙攻擊他們，亂箭如雨，向他們射過來。漢兵死傷過半，箭矢也都沒了。李廣下令不要再胡亂射箭，隨即李廣撿起地上的亂箭，向匈奴大將射去，一連射死了幾十人。到太陽快落的時候，士兵軍官都已經面無人色，但飛將軍李廣卻神色淡然，和平常一樣，士兵見狀甚是佩服。天亮後，張騫的軍隊才趕到，匈奴兵才被徹底擊退。

這時候，李廣幾乎全軍覆滅，疲勞而歸。依照漢朝的律法，博望侯張騫推遲了時間，本該斬首，納金贖罪降為平民。但念在李廣的軍隊死傷甚多，張騫助李擊退匈奴的份上，功過相抵。

元狩四年春，李廣屢次請求隨軍出征，但是皇帝顧忌他年事已高，應該安享晚年，堅決不允許；過了很久，皇帝才勉強允許，任命他為前將軍。

李廣同大將軍衛青出兵抗擊匈奴，中途迷路，沒能參戰，於是他引頸自殺，以表歉疚。李廣的官兵個個放聲慟哭，百姓知道這件事後，沒有一個人不為他傷心落淚。

司馬遷曾在《史記‧李將軍列傳》中寫道：飛將軍李廣的為人正如孔子所說的一樣：「當管理者自身端正，作出表率時，不用下命令，被管理者也就會跟著行動起來；相反，如果管理者自身不端正，

而要求被管理者端正，那麼，縱然三令五申，被管理者也不會服從的。」李廣死的時候，天下人都為他傷心流淚。

黃巾起義的鎮壓者皇甫嵩

　　皇甫嵩，字義真，安定朝那，也就是今甘肅鎮原東南人。雖然他在少年時文武雙全，被朝廷察舉為孝廉和茂才，但實際上他的才能並沒有發揮出來。皇甫嵩第一次嶄露頭角還是借了張角的「福」。

　　張角自稱「大賢良師」在民間聚眾生事。他傳播自己的教義，十多年間收集了眾多信徒。漢靈帝中平元年也就是西元一八四年，大方馬元義等幾萬信徒聚集在了荊揚，他們和朝中的中常侍封諝和徐奉裡應外合，約定好在本年的三月五日內外聯合起來一起起事。沒有想到張角的一個弟子唐周叛變了，把這件事上書秘密告訴了朝廷。朝趕緊派人逮捕了馬元義，並且在洛陽被處車裂極刑以示警戒，並下命令迅速逮捕張角等聚眾生事者。張角見自己的計劃失敗，連夜逃走並且四處散佈謠言。於是他的那些信徒們頭帶黃巾，一起發動起義。這就是歷史上的「黃巾軍起義」。黃巾軍每到一個地方，就把當地的官府焚燒了，並且還搶佔鄉邑，一時間，朝廷的好多州郡都失守了，當地官吏也四處逃亡，這也給當時的朝廷帶來很大的壓力。

　　東漢的朝廷對於黃巾軍的勢力驚恐萬分，立刻採取了強烈的鎮壓措施。漢靈帝採納了皇甫嵩的建議，拿出朝廷的藏錢和西園的廄馬，將這些全部賜給當時的將士；另外，漢靈帝任命當時的盧植作為了北中郎將，任命皇甫嵩以左中郎將的身份和朱儁為右中郎將，這三個將領能夠調發全國的所有精兵權利消滅黃巾起義軍。

　　皇甫嵩和其它幾位將領分別調發全國的軍隊，同時又在全國招募了一些青壯年，總計有四萬多人。兩個人分別率領一部分人，一起鎮壓潁川的黃巾起義軍。

　　朱俊先帶領自己的軍隊與黃巾軍波才的部隊進行作戰，最後失敗

了。皇甫嵩退守在了長社,也就是今天的河南省長葛縣東北部。率領大軍將城中包圍了一個水泄不通。當時,城中的兵很少,兵力相差懸殊,寡不敵眾,這使軍中的將士非常驚恐。皇甫嵩開始對部下進行安慰,他跟將士們說了他的計策,敵軍依草結營,非常容易用火攻。如果能夠在夜裡對敵軍放火燒他們的軍營。一定會使敵軍大亂。這時候他們再趁亂出兵對敵軍進行四面包圍,一定能夠取勝。當天晚上,天遂人願,刮起了大風。皇甫嵩立即命令他手下的將士紮好火把登上城牆,然後派出軍中的精銳部隊偷偷地出城對敵軍進行包圍。他們一邊放火,一邊大聲呼喊,又點燃了城牆上的火把,與城外的將士呼應。皇甫嵩借著這樣的聲勢,鳴鼓攻打敵軍。黃巾起義軍因為缺乏必要的戰鬥經驗,看到這樣的陣勢已經被嚇得四散逃亂,被迫撤退。就在這時,曹操也奉命前來營救,於是皇甫嵩、曹操、朱儁三人聯合兵力,對黃巾軍乘勝追擊。雖然黃巾軍頑強抵抗,但是也被打得慘不忍睹。這一仗以後,皇甫嵩就被晉封為了都鄉侯。

接著,皇甫嵩和朱儁又聯合兵力對黃巾軍乘勝追擊,並且連連獲得捷報,平定了三郡的黃巾軍的起義。

八月,皇甫嵩在蒼亭把卜已帶領的黃巾起義軍擊敗了,並且擒獲了卜已,殺死了七千多的黃巾軍將士。這時候,張角已經佔據了廣宗,同時控制了河北的腹地,朝廷先後派了盧植和董卓前往鎮壓,但是都失敗了。這一次朝廷下命令讓皇甫嵩帶兵對其進行攻打。就在這個緊要關頭,黃巾軍的首領張角病死了,張梁順勢承擔了守衛廣宗的重任。皇甫嵩帶兵攻城,沒有得逞,於是他就在城外閉營休整,同時靜觀其變。最終張梁被這種風平浪靜的形式所迷惑,對敵人放鬆了警惕。皇甫嵩就立即連夜調兵遣將,在雞鳴時分對敵軍發動了進攻,黃巾軍沒有料到這種情況,倉促應戰,最終張梁被殺,三萬多黃巾軍也被斬,五萬多人投河而死。皇甫嵩將黃巾軍的三萬多輛輜重車焚燒

了，與此同時，還挖出張角的棺材，並砍下他的頭送到了京城。

這一年的十一月，皇甫嵩又與鉅鹿的太守馮翊兩個人聯合打下了曲陽，殺死了張寶，俘虜並斬殺十多萬人。大漢朝廷為了嘉獎皇甫嵩，任命他為左車騎將軍，統領冀州牧，同時又封他為槐里侯，將槐里、美陽兩縣，共八千戶作為他的食邑。

黃巾起義被平定後，皇甫嵩上奏朝廷請求能夠減免冀州一年的田租，用以贍養當地的饑民，漢獻帝准奏了他的請求。史書上記載，當時百姓為了感謝皇甫嵩，特地為他作歌說：「天下大亂兮市為墟，母不保子兮妻失夫，賴得皇甫兮復安居。」

皇甫嵩鎮壓了黃巾軍以後，聲望也越來越大，威震天下，而且當時的朝政混亂，國庫空虛。漢陽人閻中勸說皇甫嵩應該把握住機會，在南面改制稱帝，皇甫嵩沒有採用他的計策。

那時候，湟中的胡人北宮伯玉和先零羌共同起事，漢朝派兵鎮壓卻無濟於事。到了第二年，北宮伯玉等人開始入侵三輔地區，朝廷急忙下令調回皇甫嵩鎮守長安，保衛園陵。

當初皇甫嵩帶兵征討張角的時候，他中途經過鄴地，發現中常侍趙忠的住宅的奢華程度已經超過了漢朝的規定，於是上奏皇帝請求制裁。在這期間，張讓還曾經向他索要五千萬錢，皇甫嵩不肯給。於是趙忠就聯合張讓，向朝廷上書劾奏皇甫嵩，說他不僅連戰無功，而且還耗費錢糧。漢靈帝聽信了他們的讒言，立即將皇甫嵩召回，沒收了他左車騎將軍的印綬，同時還剝奪了他六千封戶。改封他為都鄉侯，只有二千戶的食邑。

中平五年十一月，涼州人王國把陳倉包圍了，漢靈帝正急於用人，就又重新任命了皇甫嵩為左將軍，董卓為督率前將軍，兩個人分別率領二萬士兵同敵人進行抵抗。董卓提出現在應該迅速進攻陳倉，但皇甫嵩卻不這樣認為，所以最終沒有採納董卓的建議。

　　王國率領軍隊圍攻陳倉，一直包圍了八十多天，但是由於漢朝城堅守固，最中也沒有讓王國攻打下來，王國軍隊疲勞不堪。在中平六年二月的時候解圍撤退了。皇甫嵩想抓住時機乘勝追擊。董卓認為不妥，對他進行勸阻，但是這一次皇甫嵩依然不同意他的觀點自己獨自帶領部隊對敵軍進行追擊，命領董卓殿後。這一戰，皇甫嵩連戰連捷，大敗王國部隊的部眾，斬殺了一萬多敵軍。董卓這次是又慚愧又遺憾，他對皇甫嵩更加忌恨。

　　第二年，漢靈帝病重，董卓被任命為并州牧，並且下令皇甫嵩統領董卓的部隊。董卓抗旨不遵，拒絕奉命。皇甫酈是皇甫嵩的侄兒，他認為董卓心懷不軌，勸諫他對董卓進行討伐。但皇甫嵩認為他不能自己私自討伐董卓，於是將這件事上書告訴了朝廷，這讓董卓對皇甫嵩的怨恨更深了。後來，董卓掌握了實權，把持朝政，他下令任命皇甫嵩為城門校尉，時刻都在尋找殺掉他的機會。皇甫嵩將要應詔赴職，長史梁衍對他進行勸阻，並說服他起兵對抗董卓，與袁紹呼應。皇甫嵩還是沒有聽從他的勸諫。皇甫嵩剛一到任，主管這件事情的官員就順應董卓的意思，上奏朝廷，找了藉口將他交付給朝廷審判，意圖把他殺掉。

　　皇甫堅壽是皇甫嵩的兒子，他跟董卓交情很好，他得知了此事立即從長安跑到了洛陽，趕去投奔董卓。正趕上董卓擺酒設宴，大宴賓朋，皇甫堅壽趕走幾步向前，叩頭落淚，與他辯理，責之以大義。在座的賓客都被他的行為感動，紛紛替皇甫嵩向董卓求情。董卓這才離開自己的座位，拉起皇甫堅壽和自己一同落座，同時派人釋放了皇甫嵩，還將他任命為議郎。

　　初平二年四月的時候，董卓到達長安，當時所有的公卿百官都在道邊列隊迎接。董卓為了使皇甫嵩屈服，特意暗示御史中丞以下的官員都要在車下迎拜。然後，他拉著皇甫嵩的手問他是不是害怕了？皇

甫嵩回答得不卑不亢，他說如果董卓能夠用自己的仁德來輔佐朝廷，那麼國家就會越來越昌盛，如果他濫用刑罰，以此來達到自己的私志，那麼應該害怕的應該不只是他一個人，全天下人都將會對他感到恐懼。

董卓被殺之後，皇甫嵩又被朝廷任命為征西將軍，不久改任為了車騎將軍。就在這一年的秋天，他又升任了太尉。但是此年的冬天，因為天上有流星出現，他被朝廷策免。在此之後，他又繼任了光祿大夫、太常等職為。直到李催作亂，皇甫嵩病卒於西元一九五年。朝廷為了嘉獎他一生的功績，贈以驃騎將軍印綬。他的兒子皇甫堅壽被封為侍中。

賢臣輔國留英名

開國第一侯蕭何

　　漢高祖為平民時，蕭何多次以官吏身份保護高祖。蕭何曾任沛縣功曹（縣吏），平日勤奮好學，思想機敏，對歷代律令很有研究，並好結交朋友；與劉邦是貧賤之交。劉邦當時只是一個小亭長，平時不拘小節，經常惹事。蕭何就曾多次利用職權暗中袒護他，所以他們兩個人的交情很好。

　　西元前二〇九年，陳勝、吳廣起義。蕭何和曹參、樊噲、周勃等人聚集商議。觀察形勢，並和早已起義的劉邦保持著聯繫。當時的沛縣令也想歸附陳勝，保住官位，就和蕭何、曾參商議。蕭何建議赦罪重用劉邦。他們就到芒碭山去找劉邦。但當他們回到沛縣後，縣令卻變卦扣押了蕭何。劉邦知道後大怒，帶兵打回沛縣，殺了縣令，救出了蕭何，共謀大計。蕭何向大家宣佈，公推劉邦為縣令。因劉邦辭謝，蕭何設占問之計，使劉邦無法推辭。當了起義的首領。從此，蕭何緊隨劉邦南征北戰，立下了蓋世的功勳。

　　秦朝監察本郡的御史與蕭何共事，蕭何常常把事辦得很稱職。蕭何去參加泗水郡文書吏的公務考核，名列第一。秦朝御史想入朝進言徵召蕭何，蕭何堅辭，未能辦成。

　　等到高祖興兵為沛公，蕭何常常履行丞相職務督辦政事。劉邦率軍勇往直前，直抵關中。蕭何身為丞督，坐鎮地方，督辦軍隊的後勤供應。西元前二〇六年十月，秦王子嬰設計殺了丞相趙高，獻出玉璽，向劉邦投降。於是，劉邦率軍進入咸陽。將士們都趁亂搶掠金銀財物，連劉邦也忍不住，趁著空閒，跑到秦宮中去東張西望。當他看到秦宮中華麗的裝飾，成堆的金銀珠寶，還有一群一群的美女，也不禁飄飄然起來，甚至貪戀秦宮的富貴而捨不得離開。唯獨蕭何，進入

咸陽後，一不貪戀金銀財物，二不迷戀美女，卻急如星火地趕往秦丞相御史府，將秦朝有關國家戶籍、地形、法令等圖書檔案都收藏起來，留待日後查用。因為依據秦朝的典制，丞相輔佐天子，處理國家大事。御史大夫對外監督各郡御史，對內接受公卿奏事。除了軍權外，丞相和御史大夫幾乎總攬一切朝政。蕭何做官多年，他當然知道這些。所以，一入咸陽，他馬上進入秦丞相御史府，把律令圖書收藏起來，使劉邦對於天下的關塞險要、戶口多寡、形勢強弱、風俗民情等都能瞭若指掌。楚漢戰爭中劉邦能以弱勝強打敗項羽，蕭何功不可沒。

西元前二〇六年，劉邦逐步平定了關中。已經當上漢王的劉邦率兵向東平定三秦，蕭何作為丞相留守收取巴蜀，撫慰喻告百姓，供給軍糧。漢二年，漢王與諸侯攻打楚地，蕭何留守關中，侍奉太子，坐鎮櫟陽。制定法令條規，設立宗廟、社稷、宮室、縣邑，總要上奏請示漢王劉邦，儘管漢王總是同意並准許辦理。即使來不及上奏，蕭何就酌情處理等漢王回來後再彙報，蕭何在關中統計管理戶口，水路運輸軍需，漢王多次棄軍逃亡，蕭何常徵發關中士兵，用於補充缺額。漢王因此專門任命蕭何負責關中事務。

漢五年，劉邦已經殺了項羽，平定了天下，要論功行封。群臣爭功，一年多過去了功級仍定不下來。高祖認為蕭何功最大，應封為酇侯，享有的食邑最多。功臣們都說：「我們這些人親身披甲上陣，多的打了一百多仗，少的也有幾十個回合，攻城掠地，大小各不等。如今蕭何未曾有汗馬功勞，只是舞文弄墨發議論，沒打過仗，反而位居我們之上，為什麼？」高祖問：「諸位知道狩獵嗎？」功臣們說：「知道。」高祖問：「知道獵狗嗎？」回答：「知道。」高祖說：「狩獵時，追殺野獸兔子的是狗，而發現蹤跡指示出野獸所在之處的是人。現在諸位都能抓到逃跑的野獸，是有功之狗。至於蕭何，他發

現蹤跡，指示出處，是有功之人。況且諸位只是親身跟隨我，多的也只是兩三個人。現在蕭何發動全族數十人都跟隨我，功不可沒啊。」群臣便都不敢說話了。

　　諸侯都已受封，等到奏請位次時，都說：「平陽侯曹參身負七十處傷，攻城掠地功最多，應該排第一。」皇上已經委屈了功臣，多封了蕭何，排位次時沒有再次為難功臣，但是皇上心裡想讓蕭何排第一，關內侯鄂千秋明白皇上的意思，於是進言說：「群臣議論的位次都不對。曹參雖然有攻城掠地之功，這只是一時之事。而蕭何保全關中，使漢軍始終有一個穩定的根據地則更為重要。皇上與楚軍對峙五年，常常是軍隊失散，士兵逃走，這種情況發生過多次，然而蕭何總是從關中派遣軍隊補充缺額，這並不是皇上下詔命令他做的，而關中的數萬士兵開赴前線，正好趕上皇上兵源困乏的危急時刻，這種情況也多次發生。漢與楚軍相持在滎陽多年，軍中沒有現成的糧食了，蕭何從關中運輸糧食，供給軍糧從不缺乏，陛下雖然多次丟失山東地盤，蕭何總是保全關中以待陛下，這是萬世之功。現在即使沒有曹參等幾百人，對漢室有什麼損失呢？漢室有了他們也不一定能保全。為什麼要讓一日之功位於萬世功勞之上呢！蕭何第一，曹參第二。」高祖說：「好。」於是下令蕭何第一，賜帶劍穿鞋上殿，入朝可以不小步快走。

　　漢帝劉邦為鞏固政權，尋找藉口陸續消滅異姓王。他見韓信功高望重，且握有兵權，就幾次藉故削去韓信的兵權，最後降為只有虛名的淮陰侯。西元前一九七年，陽夏侯陳豨謀反，自立為王。劉邦親率大軍前去征討。當時韓信推說自己有病，沒有隨同前往。於是，韓信的一個門客求見呂后，告發韓信本是陳豨的至交，這次陳豨謀反，韓信是內應。準備在一天夜裡，假傳聖旨，把奴隸和犯人釋放出來，襲擊呂后和太子劉盈。

　　呂后一聽，認為事關重大，便秘密召見丞相蕭何。他們兩人商量出計策，由蕭何參加執行。第二天，蕭何就讓人去請韓信到相府赴宴。韓信自稱有病，婉言謝絕了。蕭何就親自到韓信府上，以探病為由，直接進入韓信的內室。韓信再也無法推辭，只得與蕭何寒暄一下。蕭何說：「我和你向來是好朋友，請你去赴宴，是有話對你說。」韓信忙問有什麼話。蕭何說：「這幾天皇上從趙地發來捷報，說征討軍大獲全勝；陳稀已經逃往匈奴。現在朝中的王侯，都親自進宮去向呂后祝賀。你自稱有病不上朝，已經引起人們的懷疑了。所以我來勸你同我一起進宮，向呂后道賀，消除人們的懷疑。」蕭何說的話，讓韓信不得不信。所以就跟著蕭何來到長樂殿向呂后道賀。哪裡知道宮中早就埋伏好了武士，呂后一見韓信中計，喝令刀斧手將韓信綁縛在地。韓信見事情不妙，急忙呼叫：「蕭丞相快來救我！」哪知蕭何早就避開了。呂后不容韓信申辯，命令武士把他拖到殿旁邊的鍾室裡殺死。隨後，又將韓信的父、母、妻三族一股腦地捕殺淨盡。蕭何輔助呂后謀殺韓信，很符合劉邦鞏固政權的需要，為劉邦除去了一塊心病。

　　劉邦晚年，宮廷內部發生了一場廢立太子的鬥爭。劉邦要廢掉太子劉盈，改立趙王劉如意為太子。只是由於蕭何等大臣的多次諍諫，劉邦才一直未作決定。西元前一九五年，劉邦病死，蕭何輔佐太子劉盈登上帝位，這就是漢惠帝。蕭何繼任丞相。蕭何為相期間，在制定漢朝的典章制度方面還辦了一件大事，即作漢律九章。在約法三章的基礎上，參照秦法，摘取其中合乎當時情況的內容，製成律法。這是漢朝製作律令的開端。蕭何制定的漢律九章，刪除了秦法的苛繁、嚴酷，使法令明簡。西元前一九三年，年邁的相國蕭何，由於長期為漢室操勞，終於臥病不起。病危之際，漢惠帝親自去探望他，並趁機詢問：「您百年之後，有誰可以代替您來做丞相？」接著惠帝又問：

「曹參怎麼樣？」蕭何聽了，竟掙扎起病體，向惠帝叩頭，說：「皇上能得到曹參為相。我蕭何即使死了，也沒有什麼遺恨了！」這番話表明，蕭何為國家為百姓著想，不記宿怨的大度胸懷。

蕭何購置的田產住宅，一定是在窮鄉僻壤，建住房不修圍牆。他說：「後代賢能，就會學習我的節儉；如果不賢能，家產也不會被權勢之家奪去。」漢惠帝二年，相國蕭何去世，諡號文終侯。蕭何的後代由於犯罪，四代失去侯爵封號，每次斷了繼承人時，天子就再尋求蕭何的後代續封酇侯，其它功臣沒有人比得上的。

蕭何為相真可謂鞠躬盡瘁，死而後已。蕭何曾因為漢朝打江山而舉薦韓信，又因為漢朝保江山而計誅韓信，可見其心之忠，他對韓信的舉措其實都是從漢朝江山出發的，所以我們從這一點上就不能認為他是一個耍了韓信的壞人，相反，他是一個真正的大忠臣。他臨死舉賢不避仇，也表明他以國家社稷為先的非凡氣度。當然，他輔佐有道、治國有方、體恤百姓、生活儉樸自是無須贅論了。

帝師張良

　　張良原是韓國人，後韓國被秦所滅，原本地位顯赫的張良一夜之間一無所有，這使得他對秦朝充滿了仇恨，進而有了反秦的念頭。

　　張良制定了一個很詳細的刺秦計劃，還花重金請人為他打製了一把大鐵錘，重量達到一百二十斤，然後又打聽到了秦王的出使計劃，在路邊埋伏著等待機會。

　　然而，因為當年的秦王曾多次遭遇謀殺，所以在他的出行中都做好了充分的準備，對於自己的座駕也是時常變換，這讓張良實在摸不清秦王到底在哪一輛車裡，所以在他只擊斃一個小小的秦兵時，便已經變成了階下囚，被秦王通緝。

　　張良刺殺秦王沒有得手，到處都貼著逮捕他的榜文，所以張良不得不隱姓埋名，藏在江蘇，靜觀其變。有一天，張良在沂水坭橋頭散步時，看到一位老人，而當這位老人走到張良面前時，故意將自己的鞋子脫落橋下，還命令張良給他撿上來，態度十分傲慢。張良非常吃驚，但還是按照老人說的那樣將鞋子撿了上來。誰知這位老人又讓張良給他將鞋子穿上。張良看他是一位老人，也沒有多加計較，還是依照他說的那樣，給他穿上了鞋子。這位老人並沒有道謝，而是哈哈大笑著離去。這讓張良呆愣很久，正想離開，卻又看到那位老人走了過來，說道：「你倒是一個可造之才。」並且還和張良約定五日後在此相見。雖然不知道什麼意思，張良還是應承了下來。

　　五天後淩晨，張良如約來到橋上。誰知老人早已等候在此，看到張良很生氣的說道：「和老人家相約，怎麼可以耽誤時辰？五天後你再來吧！」說完便轉身離去。不料第二次的時候，張良還是晚了老人一步。到第三次時，張良就乾脆在橋上守著。而這一次，老人給他帶

來了一本書，並且對他說道：「讀完這本書，可以做天子的老師，十年之後便逢亂世，它可以助你成就一番業績；十三年之後你再來見我。」說完，揚長而去。

張良的執著與虔誠讓他得到了意外的驚喜，從此以後，他苦心鑽研，對天下事也深諳心中。西元前二〇九年的七月，各地舉起起義大旗反抗秦王，張良在起義的途中遇到了劉邦，兩人一見如故，於是決定在一起聯合發展勢力，張良為劉邦進獻的良策也都被劉邦一一採納，從此之後，張良的才華在劉邦的身邊得到了充分的展現，他的實現宏偉抱負的征程由此拉開序幕。

西元前二〇六年的十二月，發生了歷史上著名的「鴻門宴」事件。

項羽在鴻門這個地方設宴款待劉邦。席間，項羽帳下的謀臣范增幾次舉起自己手中的玉佩向項羽示意，讓他斬殺劉邦。但是項羽有著婦人之仁，一時之間下不了殺手，便不去理會范增的示意。范增無奈，只好自己召來勇士項莊，讓他在舞劍的時候，趁機殺掉劉邦。而項伯知道他們的用意，便拔劍對舞，保護著劉邦。張良一看形勢不好，便將大將軍樊噲找來保護劉邦，樊噲持劍便直闖大帳，兩眼憤怒地看著項羽，頭髮也憤怒地豎起，氣勢強大。項羽心中十分慌張，忙問道：「這位是什麼人？」張良回答說：「這位是沛公帳下侍衛樊噲。」項羽讚賞說：「是個好漢，賞酒喝！」項羽的侍衛便給樊噲端來一大杯酒，樊噲沒有推辭，一飲而盡，一連接著喝了好幾杯，還趁機說道「我連死都不怕，更何況是小小的幾杯酒！」隨後，樊噲還變相地述說著劉邦的勞苦功高，對項羽的忠誠之心，也指斥著項羽的疑心太重。項羽聽了他的話，竟然被震懾住，不知道要用什麼話來回答，只好讓樊噲就座，樊噲便順勢坐到了張良的身邊。沒有多久，劉邦見形勢有所緩和，便以上廁所為理由，和樊噲一起走出大帳，而張

良也隨後走了出去。三人在帳外商量對策，最後決定讓樊噲保護著劉邦回去，盡快脫身，張良則是自己一個人留下來收拾殘局。

就這樣，劉邦在自己侍衛的保護下，偷偷返回灞上。而張良則是理智地與項羽等人周旋，直到他估摸著劉邦已經平安回到軍中，便進帳向項羽辭行：「沛公的酒量不好，已經醉倒而不能向您辭行，只是囑咐我給項王您獻上一雙白璧；給范增將軍獻上一雙玉斗。」項羽聽後，知道大好時機已經過去，只好無奈收下了一雙白璧，沒有再追究什麼。而范增則因為項羽的一時仁慈氣得將一雙玉斗摔得粉碎，並且還很氣憤地說：「唉！像你這樣的人根本就不配讓我與你為謀。你的天下遲早會落入沛公的手中，而我們則必會成為他的階下囚！」

西元前二○三年，楚漢之爭的形勢有了最終的結果，這一年也就發生了著名的「垓下之戰」，劉邦的大將韓信使了一個「十面埋伏」的計策，將項羽的部隊圍困在了垓下，隨後又利用「四面楚歌」的方式將項羽軍隊的士氣逐漸瓦解，最後讓項羽的軍隊潰不成軍，上演了霸王別姬的慘劇，使得項羽這個英雄因無顏面對江東父老，而自刎江邊。項羽的自殺，標誌楚漢之爭宣告結束，劉邦則成了最後的贏家。

漢高祖五年的二月，劉邦正式登上帝位，成為西漢王朝的開國皇帝，被人稱之為漢高祖。同一年的五月，漢高祖在洛陽南宮宴請朝中大臣，舉行開國大典，君臣同樂。宴席間，舉杯對飲，其樂融融。而漢高祖劉邦也是十分高興，當與眾臣論起項羽為什麼失了天下，而自己又為什麼得到天下的時候，漢高祖說出了他得勝最關鍵的因素，那便是他軍中的三位大將蕭何、張良、韓信。並且他話語中充滿了對張良的讚賞：「不出軍營便能得知良策，在千里之外都能決定勝負，從這一點上，我是不能與張良相比的。」

天下雖然已經安定下來，但是對於都城定在什麼地方是眼下最重要的事情，這關乎著漢王朝以後的發展。對此朝中許多大臣都贊同將

都城定在洛陽，而只有張良和齊人婁敬一致建議應該將都城定在關中，並且對於這兩者進行了比較，詳細地分析了其中的利弊，張良對於都城的定位有了一個全面而深刻的認識，再加上張良一向威望很高，又深得漢高祖劉邦的信賴，於是漢高祖劉邦聽完張良的分析，當即決定將都城定在關中。漢高祖五年的八月，劉邦正式將自己的都城定在了長安。

漢高祖十年，大漢王朝又面臨著另一場新的危機，因為呂后的強硬專權，讓漢高祖劉邦懷疑呂后想篡奪自己的皇位，使劉家的江山易主。而當時漢高祖劉邦對戚夫人寵愛有加，所以就想廢黜當時呂后之子的太子之位，立戚夫人的兒子趙王為儲君。一時之間，使得朝野震驚，各個大臣都上書勸阻，劉邦卻一直堅持自己的意見，對於大臣的意見不加理會。呂后看著這個形式，感覺自己兒子的太子之位難保，於是她想到了劉邦最信任的軍師張良，她向張良發出了求救信號。張良自己心中也是有所掂量，畢竟太子之位非同小可，關乎著整個漢朝的興旺，更不能任憑自己的意見而輕易更立，大儒叔孫通有一句話說得特別有理：「太子，那是穩定天下的根本，太子的地位動搖，也就代表著天下根基的動搖，那麼天下將不會安寧了。」更何況如今天下局勢剛剛穩定下來，漢朝的天下根基並沒有穩固牢靠，每一項朝政制度都還正在健全，現在唯一能做的只能是順應現狀，無為而治，天下才會安定，江山也才能穩住。針對現在這個情況，張良對呂后說：大臣們的勸阻是起不到什麼作用的，而我朝的「商山四皓」都已經年過八十，他們都是孤傲清高之人，放棄漢朝的爵位，卻隱居於山林之中，皇上曾幾次派人去請他們四老出山，都沒有任何結果。如果太子能夠降低自己的身份親自去請「四皓」出山，想必四老一定會答應，到時候，太子出入宮廷，身後都有「四皓」相隨，皇上一定會問起其中的原因，如今連皇上都請不到的人，卻寧願跟隨太子，這樣一來不

必用任何的言語，太子的地位就一定會保住的。

　　呂后聽後，按照張良所說的去做，果然不出所料，劉邦看到太子身後的四位老人，一問之下，才知道是自己幾次都沒有請來的世外高人，而如今卻甘願為太子鞍前馬後，從這裡也就知道太子的勢力也非同一般，並不是一句話便能將太子之位廢黜的，於是，從那之後，漢高祖劉邦便放棄了改立太子的想法。太子劉盈也最終得到帝位，成為漢惠帝。從這以後，呂后對張良更是敬重有加。

　　如今，天下局勢已經基本穩定下來，張良也想功成身退，隱居山林，他看著這大好江山，心想自己這一生的願望也都一一實現了，再加上張良自小體弱多病，身上早就落下了病根，隨後在劉邦的身邊，又親眼目睹了那些曾經跟隨漢高祖劉邦打天下的英雄之士一個個悲慘地死去，他對於「狡兔死，走狗烹」這一句話深有體會，也知道帝王之心深不可測的道理，害怕有一天自己會遭到皇上的猜疑，落得和大將軍韓信一樣的下場。所以，張良謝絕了呂后和漢高祖的多次挽留，很聰明地在榮華富貴的面前選擇了隱退，遠離朝廷中的是是非非，遠離世間的繁雜瑣事，選擇了一個清靜之地，一心致力於自己的修身養性之道，鑽研黃老之學，過著自己逍遙自在的世外桃源的生活。

「蕭規曹隨」──漢惠帝丞相曹參

　　曹參在秦朝時，任沛縣的獄掾，執掌刑獄事；而當時，蕭何任沛縣主吏。兩人都是沛縣吏員中頗有影響的人物。

　　秦二世元年（西元前209年），曹參與蕭何一起幫助劉邦起兵反秦。等到劉邦為沛公時，曹參以中涓的身份跟隨。此後，曹參轉戰於今天的山東滕縣、泗水、東河、定陶及江蘇豐縣、沛縣、安徽碭山、河南濮陽一帶。

　　第二年閏九月，劉邦舉兵西進伐秦，曹參依然跟隨。先後攻打開封、洛陽，但未能攻克，於是便移兵南下至宛（今河南南陽），再向西挺進，經紫荊關、武關，歷時十四個月，攻入咸陽，滅亡秦國。

　　在蕭何、曹參等人的幫助下，劉邦率先進入了關中，按他和項羽的約定，應該做關中王。可是項羽到了以後，違背盟約，不肯封劉邦為王。最後劉邦轉託項伯，才被封了個漢王。漢王劉邦論功行賞，冊封曹參為建成侯。

　　之後，曹參隨漢王入漢中，升任將軍。接著，追隨漢王，平定三秦。先是攻下辯、故道、雍等地，在好畤（今陝西西乾縣）城南攻章平部隊，圍好畤，取壤鄉。在壤鄉東和高櫟一帶攻擊三秦部隊，大敗敵軍。又圍困章平部隊，章平從好時城逃走，於是順勢攻打趙賁和內史保的部隊，把他們擊潰。向東攻取咸陽，更其名叫新城。

　　曹參率軍守護景陵，前後二十天。三秦使章平等率部攻打曹參。曹參迎擊，大獲全勝。漢王即將寧秦賜給曹參為封地。

　　此後，曹參以將軍的身份領兵在廢丘包圍了章邯，以中尉的身份跟隨漢王出臨晉關。到了河內，拿下修武，從圍津渡過黃河，向東在

定陶進擊龍且、項他的軍隊，打敗了他們後向東攻取了碭縣、蕭縣、彭城。進攻項籍的軍隊，漢軍大敗逃跑。曹參以中尉的身份包圍奪取了雍丘。漢將王武在外黃反叛，程處在燕縣反叛，曹參率軍前往進擊，都打敗了他們。柱天侯在衍氏反叛，曹參又擊敗叛軍，奪回了衍氏。在昆陽攻打羽嬰，追擊到葉邑。回軍攻打武強，隨即又打到滎陽。曹參從漢中做將軍、中尉，跟隨漢王掃蕩諸侯，到項羽戰敗，回到滎陽，前後總共兩年時間。

　　高祖二年（西元前205年），任命曹參代理左丞相，領兵進駐關中。過了一個多月，魏王豹反叛，曹參以代理左丞相的身份分別與韓信率軍向東在東張攻打魏將軍孫遫的軍隊，大敗孫遫的軍隊。乘勢進攻安邑，捕獲魏將王襄。在曲陽進擊魏王，追到武垣，活捉了魏王豹。奪取了平陽，俘虜了魏王的母親、妻子、兒女等，平定魏地，共得五十二座城邑。漢王把平陽賜給曹參作食邑。曹參後來又跟隨韓信在鄔縣東面進擊趙國相國夏說的軍隊，大敗夏說的軍隊，斬殺了夏說。韓信與原常山王張耳率兵至井陘，攻打成安君陳餘，同時命令曹參回師把趙國的別將戚將軍圍困在鄔縣城中。戚將軍突圍逃跑，曹參追擊並斬殺了他。於是曹參率兵到敖倉漢王的營地。這時韓信已經打垮了趙國，做了相國，向東攻打齊國。曹參以左丞相的身份隸屬韓信，擊潰了齊國歷下的軍隊，於是奪取了臨菑。回師平定濟北郡，攻打著縣、漯陰、平原、鬲縣、盧縣。不久跟隨韓信在上假密進擊龍且的軍隊，大敗敵軍，斬了龍且，俘虜了他的部將周蘭。平定了齊國，總共得到七十餘縣。捕獲了原齊王田廣的丞相田光、代替丞相留守的許章和原齊國的膠東將軍田既。韓信做了齊王，領兵到了陳縣，與漢王會合，共同打敗了項羽，而曹參則留下來平定齊國尚未降服的地方。

　　項羽已死，天下平定，漢王做了皇帝，韓信被調封為楚王，齊國劃為郡。曹參歸還了漢丞相印。高祖把長子劉肥封為齊王，任命曹參為齊國相國。高祖六年（西元前201年）時，分封列侯的爵位，朝廷與諸侯剖符為憑，使被分封者的爵位世代相傳而不斷絕。把平陽的一萬零六百三十戶封給曹參作為食邑，封號叫平陽侯，收回以前所封的食邑。

　　曹參以齊國相國的身份領兵攻打陳豨的部將張春的軍隊，打敗了敵軍。黥布反叛，曹參以齊國相國的身份跟從齊悼惠王劉肥率領十二萬人馬，與高祖合攻黥布的軍隊，大敗敵軍。向南打到蘄縣，又回師平定了竹邑、相縣、蕭縣、留縣。

　　孝惠帝元年（西元前194年），廢除了諸侯國設相國的法令，改命曹參為齊國丞相。曹參做齊國丞相時，齊國有七十座城邑。當時天下剛剛平定，悼惠王年紀很輕，曹參把老年人、讀書人都召來，詢問安撫百姓的辦法。但齊國原有的那些讀書人數以百計，眾說紛紜，曹參不知如何決定。他聽說膠西有位蓋公，精研黃老學說，就派人帶著厚禮把他請來。見到蓋公後，蓋公對曹參說，治理國家的辦法貴在清靜無為，讓百姓們自行安定。以此類推，把這方面的道理都講了。曹參於是讓出自己辦公的正廳，讓蓋公住在裡面。此後，曹參治理國家的要領就是採用黃老的學說，所以在他當齊國丞相的九年中，齊國安定，人們大大地稱讚他是賢明的丞相。

　　惠帝二年（西元前193年），蕭何去世。曹參聽到這個消息，就告訴他的門客趕快整理行裝，說：「我將要入朝當相國去了。」過了不久，朝廷派來的人果然來召曹參。曹參離開時，囑咐後任齊國丞相說：「要把齊國的獄市作為某些人行為的寄託，要慎重對待這些行為，不要輕易干涉。」後任丞相說：「治理國家沒有比這件事更重要的嗎？」曹參說：「不是這樣。獄市這些行為，是善惡並容的，如果

您嚴加干涉，壞人在哪裡容身呢？我因此把這件事擺在前面。」曹參起初卑賤的時候，跟蕭何關係很好。等到各自做了將軍、相國，便有了隔閡。但蕭何臨終時，蕭何向孝惠皇帝劉盈推薦的賢臣只有曹參。曹參接替蕭何做了漢朝的相國後，遵循蕭何制定的法度。

曹參從各郡和諸侯國中挑選一些質樸而不善文辭的厚道人，召來任命為丞相的屬官。對官吏中那些言語文字苛求細枝末節，想一味追求聲譽的人，就斥退攆走他們。曹參自己整天痛飲美酒。卿大夫以下的官吏和賓客們見曹參不理政事，上門來的人都想有言相勸。可是這些人一到，曹參就立即拿美酒給他們喝，過了一會兒，有的人想說些什麼，曹參又讓他們喝酒，直到喝醉後離去，始終沒能夠開口勸諫，如此習以為常。

相國住宅的後園靠近官吏的房舍，官吏的房舍裡整天飲酒歌唱，大呼小叫。曹參的隨從官員們很厭惡這件事，但對此也無可奈何，於是就請曹參到後園中遊玩，一起聽到了那些官吏們醉酒高歌、狂呼亂叫的聲音，隨從官員們希望相國把他們召來加以制止。曹參反而叫人取酒陳設坐席痛飲起來，並且也高歌呼叫，與那些官吏們相應和。

曹參見別人有細小的過失，總是隱瞞遮蓋，因此相府中平安無事。

曹參的兒子曹窋做中大夫。漢惠帝埋怨曹相國不理政事，覺得相國是否看不起自己，於是對曹窋說：「你回家後，試著私下隨便問問你父親說：「高祖剛剛永別了群臣，皇上又很年輕，您身為相國，整天喝酒，遇事也不向皇上請示報告，根據什麼考慮國家大事呢？但這些話不要說是我告訴你的。」曹窋假日休息時回家，閒暇時陪著父親，把惠帝的意思變成自己的話規勸曹參。曹參聽了大怒，打了曹窋二百板子，說：「快點兒進宮侍奉皇上去，國家大事不是你應該說的。」到上朝的時候，惠帝責備曹參說：「為什麼要懲治曹窋？上次

是我讓他規勸您的。」曹參脫帽謝罪說：「請陛下自己仔細考慮一下，在聖明英武上您和高祖誰強？」惠帝說：「我怎麼敢跟先帝相比呢！」曹參說：「陛下看我和蕭何誰更賢能？」惠帝說：「您好像不如蕭何。」曹參說：「陛下說的這番話很對。高祖與蕭何平定了天下，法令已經明確，如今陛下垂衣拱手，我等謹守各自的職責，遵循原有的法度而不隨意更改，不就行了嗎？」惠帝說：「好。您休息休息吧！」

曹參做漢朝相國，前後有三年時間。他死了以後，被諡為懿侯。曹參之子曹窋接替了他父親的侯位。百姓們歌頌曹參的事蹟說：「蕭何制定法令，明確劃一；曹參接替蕭何為相，遵守蕭何制定的法度而不改變。曹參施行他那清靜無為的做法，百姓因而安寧不亂。」曹參繼相三年病逝，漢史上與蕭何齊名，「蕭規曹隨」遂成為歷史上的佳話。

景帝智囊晁錯

晁錯在平定「七國之亂」的過程中立下了汗馬功勞。漢景帝劉啟統治初期，任晁錯為內史，這件事引起了丞相申屠嘉等一批老臣的極度不滿。這是因為晁錯本是西漢一個非常有才情的政治家。漢文帝在位時期曾被封為博士，兼太子家令。後來，他因為《論貴粟疏》及《請立邊民什伍法奏》等文章而深受漢文帝嘉許，所以在西元前一六五年秋，被破格提升為中大夫。景帝偏愛他的才華，時不時地就對他論功行賞，而且晁錯屢參謀議，漢景帝更是積極採納，對他偏愛有加。這樣一來，不免招致朝中文武百官的嫉妒，連申屠嘉也不例外，恨不能一下將晁錯置於死地。晁錯卻偏偏不吃這一套，力排眾議，堅持己見，就使一些人對他更加恨之入骨了。

漢景帝同他父親一樣，也喜歡知人善任，禮賢下士，愛惜人才。但是，他卻因聽信了小人的讒言，誤殺了晁錯，這確實是一個失誤。這個過程，更是發人深省。

漢高祖劉邦和漢文帝兩個時期分封了一些諸侯王。其中實力最強，疆土最廣闊的就是吳王劉濞。而在文帝時期，諸侯王與朝廷的矛盾日益激化，以劉濞為首的諸侯王漸漸生出反叛之心。但介於文帝時期國力強盛，藩王不敢輕舉妄動。景帝即位之後，矛盾一觸即發，景帝召見晁錯商討此事，晁錯建議景帝「削藩」，晚削不如早削，戰爭在所難免，建議到時候景帝可以御駕親征，鼓舞士氣。

晁錯的削藩建議，遭到了外戚竇嬰的極力反對。晁錯的父親聽說後，專門從潁川趕到長安，極力勸阻他不要這樣做，除非你找死。但是晁錯不聽父親的勸阻，堅持己見，執意要削藩。老人家無可奈何之下只能聽之任之。

　　景帝採納了晁錯的建議，預備全面削減王國的封地，這時候卻又遭到了奸人袁盎的挑撥。當袁盎聽說景帝準備「削藩」時，認為殺晁錯的機會來了，便打著吳王　「清君側」為幌子，私下裡挑撥景帝，說：「削藩，勢必會引起一場戰爭。以吳王劉濞的勢力，皇上的勝算可以說是微乎其微，後果可想而知。晁錯在這時候提出削藩的建議，名義上是削弱諸侯王的勢力，實際上到最後受益的也是劉濞。到時候大漢勢力必定大減，統治岌岌可危呀，希望皇上再三考慮。」漢景帝聽了袁盎的一番話，覺得頗有幾分道理，越想越覺得晁錯實在可疑，就對袁盎說：「如果七國真的是因為晁錯出兵的話，我一定會殺了晁錯，以謝天下。」就這樣，景帝處死了晁錯，真可惜了晁錯的一片忠心就這樣被糟蹋了，真是可悲啊！

　　景帝處死晁錯以後，下了一道詔書，名字叫「七國諸侯退兵」。七國諸侯不僅沒有退兵的意思，反而加緊了進攻，特別是劉濞，開始僅僅以「誅晁錯」為由發兵，現在卻大膽撕下了偽裝，毅然拒絕接受朝廷下的詔書，並宣佈要自立為皇帝。漢景帝悔恨極了。實在走投無路了。開始自我反省，覺得對不起晁錯，誤信了讒言，錯殺了忠良。隨後，景帝下的那個決心，調兵遣將，三個月之後，終於平定了叛亂。

　　七國之亂是帝王內部的權力之爭，晁錯卻成為了劉氏家族內部矛盾爭鬥的犧牲品，他死得好冤啊！

權傾朝野，忠心為國的霍光

　　漢武帝死後，漢昭帝即位，霍光擔任西漢的大司馬大將軍兼尚書一職，在朝中起著舉足輕重的作用。在西元前八十五年，漢昭帝封霍光為博陸侯。為了鞏固自己在朝中的地位，霍光將自己的女兒嫁與上官桀的兒子上官安，結婚之後，生了一個女兒。之後上官安的女兒托蓋長公主這個後門，進宮當了婕妤，深得皇上的歡心，後來被冊封為皇后。這樣一來，上官安就成為了皇上的岳父，之後被加封為桑樂侯。上官桀為回報蓋長公主昔日的恩情，曾經多次為公主的親信求取官職，卻統統被霍光拒絕了。霍光身為皇后的外祖父，在朝中身居要職，獨攬朝政，這樣一來就引起了上官桀的不滿，兩人之間的矛盾日益激化。西元前八十年，上官父子、桑弘羊、燕王劉旦以及蓋長公主等人秘密商議，企圖除掉霍光，廢黜昭帝，改立燕王劉旦為天子。要想人不知，除非己莫為，事情敗露之後，上官父子和桑弘羊被誅九族，燕王劉旦與蓋長公主自盡而亡。這樣一來，獲利最多的當屬霍光，從此霍光不僅權傾朝野，就連同他的兒子、女婿等也紛紛在朝中擔任要職，霍氏家族的勢力一度達到巔峰。

　　在輔佐昭帝管理朝政的時期，霍光繼承了武帝末年的優良傳統，繼續執行著「與民休息」政策，國家經濟繁榮發展，國庫充足。與此同時，朝廷重新恢復了與匈奴的和親政策。這樣就對穩定漢武帝末年的動盪局勢，恢復社會經濟的發展起到了至關重要的作用。

　　西元前七十四年，漢昭帝駕崩，由於漢昭帝沒有兒子，霍光擁立漢武帝的曾孫劉病已繼承大統，即漢宣帝。漢宣帝即位之後，霍光繼續獨攬朝政大權，而且得到漢宣帝的賞識。直到西元前六十八年，霍光生病去世。

　　霍光和上官桀、燕王劉旦等人的爭鬥，從實質上來說，屬於封建官僚與宗室內部爭奪統治大權的戰爭。霍光一行人在漢武帝統治期間雖然經常出入宮闈，但仍然是朝廷裡一個默默無聞的小官吏，本身沒有什麼實質的權力，更不要說什麼萬貫家財了。霍光一黨在當時代表中小地主的利益，他們也時常受到大地主與大商人的壓迫和剝削，在長期的壓迫之下，就不得不使他們和那些代表大地主和大商人利益的統治者發生衝突。上官桀與燕王劉旦的政變最終被粉碎，這樣一來就使得西漢中後期的大地主和大商人的整體利益受到打擊，對抑制腐朽勢力的膨脹起了重要的作用，在一定程度上推動了社會的進步。

　　昭帝即位初期，霍光圍繞是不是要改變先前的鹽鐵官營、均輸、酒榷等一系列的經濟政策，和桑弘羊等人展開了激烈的鬥爭。

　　昭帝始元元年（西元前86年），霍光派遣廷尉王平共五人前往郡國查探民情，察舉賢良，關注民間疾苦、冤難和那些沒有工作的人，這些均為鹽鐵會議做了充足的準備。

　　昭帝始元六年（西元前80年），霍光把郡國推薦的賢良、文學人才接入京城，這件事主要由丞相田千秋和御史大夫桑弘羊負責，這樣鹽鐵會議就算是正式開始了。雖然霍光沒有親自到場主持會議，參與辯論，但是他一心想要改變鹽鐵官營、均輸、酒榷等經濟政策的目標是非常明確的。在經歷了這場大討論之後，是年七月，漢昭帝下旨，廢除鹽鐵官營、均輸等政策。這樣就從根本上壓制了大地主、大商人的經濟利益，以此同時，也在一定程度上緩和了階級矛盾，適時調整了各階級之間的關係，使西漢王朝的經濟發展逐漸得到了恢復。

　　漢昭帝在位十三年，正是因為霍光的大力輔佐，才使得漢朝的政權得到了鞏固，同時也為社會的安定和經濟的恢復發展奠定了基礎。昭帝駕崩，朝廷的政局陷入混亂之中，但因為政治基礎穩固，混亂很快平息了下來。

　　昭帝沒有兒子，他死之後，到底應該由誰來繼承帝位，這就成為了霍光等眾位公卿大臣所面臨的艱難問題。在漢武帝的各個兒子中，霍光選中了昌邑王劉賀，決定由他來繼承帝位。但劉賀原本就是一個紈絝子弟，做了皇帝之後更是肆無忌憚、荒淫無度。霍光等人均感事態嚴重，若不能及早處理，那麼漢家天下遲早會斷送在劉賀手中。在劉賀即位第二十七天的時候，霍光將在朝眾位大臣、列侯、博士等一一集於未央宮，決定廢掉劉賀，另覓賢明君主。眾大臣懾於霍光的權勢、地位，不得不同意。於是，霍光與杜延年、楊敞等大臣聯手，寫了一封奏章，裡面撰寫了劉賀的種種劣跡，之後將劉賀召至未央宮，霍光當眾宣讀了這封奏章，將劉賀廢除。而後，又擁立十八歲的劉病已為皇帝，即漢宣帝。

　　在當時那種情勢下，確立新主是情勢所逼，但是究竟要確立一個怎樣的皇上，這就是關係到大漢王朝是否可以長治久安的大問題了。霍光充分考慮到前者，更顧忌到後者。為了國家的興盛，他甘願擔負擅自廢立的臭名，也不想讓漢家王朝就此傾覆。這就充分表明了霍光對漢朝的忠誠，同時也是對國家高度負責任的一種表現。霍光選擇漢宣帝是一個正確的抉擇，漢宣帝在位期間，漢朝一直保持著興旺的局面。漢宣帝即位之後，霍光繼續輔佐朝政，直至病逝。

　　霍光去世之後，漢宣帝和皇太后傷心欲絕，曾親自到霍光的墳前拜祭他。漢宣帝下旨要以極為奢華的方式安葬霍光，並追諡宣成侯。

「強項令」──董宣

　　董宣是東漢時期的一個公正嚴明的官員，被光武帝劉秀稱為「強項令」，也就是說董宣在律法面前一視同仁，不畏懼達官貴人的權利，更不會因為自己觸犯了貴族的利益而低頭認罪。

　　漢光武帝時期，鎮壓了綠林、赤眉這兩支農民起義軍隊，還陸續將割據政權逐漸收回到自己的手中，結束了當時的混亂局面，統一了中國。漢光武帝稱帝後，將都城定在了洛陽。當時漢高祖劉邦所建立的朝代稱之為西漢，所以後人也將劉秀創建的朝代稱為東漢。

　　漢光武帝建朝之後，深知百姓疾苦，恨透了亂世紛爭，巧取豪奪的社會局勢，於是順應民意，採取有利於發展的休養生息政策。比如說減輕老百姓的賦稅，將多餘的婢女釋放出宮安置，裁掉不中用的官差，並且還時常會大赦天下。因此，在光武帝統治的時候，漢朝的百姓有了喘息的機會，社會經濟逐漸地恢復和發展。

　　我們都知道，武力打天下，法令治天下。但是，法令對於普通老百姓而言就是懸在自己頭上的一把刀，時時約束著自己，而對於達官顯貴而言，只是一紙空文而已。

　　光武帝在位的時候，京都洛陽卻是整個國家中最難管理的地區。正因為洛陽城內居住的都是皇親國戚和達官顯貴，這些權勢滔天的人，他們對於自己家中兒女的橫行霸道置若罔聞，甚至家中的奴隸也是狗仗人勢，作惡多端。朝廷連著派遣了幾任洛陽縣令，都沒有收到很好的效果，這些顯貴們完全不將這小小的縣令放在眼裡。最後，光武帝萬般無奈之下，便想到了這位嚴明的官員董宣，於是便任命他為洛陽縣令，而此時，董宣已經六十九歲高齡。董宣上任後，並沒有像前幾任縣令一樣，畏懼著權勢，他還是和從前一樣，公正不阿，第一

件很棘手的案子便是湖陽公主家的下人犯的殺人案。

　　湖陽公主是光武帝劉秀的親姐姐，正是因為這樣，湖陽公主依仗著自己的弟弟是皇上，而在家中圈養著一幫很兇狠的家奴，他們狗仗人勢在洛陽城內欺壓百姓，無惡不作，霸道蠻橫，使得城中百姓有苦不敢言，有苦無處說。

　　有一次，湖陽公主府上的一個家奴當街將人殺死，董宣則馬上下了逮捕他的命令。可是，這個家奴卻跑進湖陽公主的府邸裡再也不出來了，湖陽公主的府邸就是給他們一百個膽子，官吏們也不敢進去搜查，但是案子也不能不辦，這讓董宣想破了腦袋，也不知道怎麼做。思來想去，最後只得派人將整個湖陽公主府監視起來，只要那個惡奴一出公主府，就馬上逮捕。

　　這件事已經過去好幾天了，湖陽公主見董宣也沒有進一步的行動，於是便認為這位新上任的縣令只不過是做給百姓看的，樹立自己的權威，實際上還是和前幾任縣令一樣害怕自己的權勢，只是做做樣子而已。於是湖陽公主便帶著這個家奴明目張膽地出行了，而他們一行人正好被董宣的人馬發現，立即回去向董宣報告說：「那個惡奴已經出府，但是由於身旁跟著湖陽公主，根本就沒有逮捕的機會。」董宣聽後，馬上帶著自己的屬下到他們的必經之地攔截。而馬車上的湖陽公主，見自己的車子竟然是被一個糟老頭攔了下來，竟然這麼無視自己的身份，於是十分傲慢地問道：「你是何人？竟敢攔截我的馬車，難道你不知道我是誰嗎？還是你活得不耐煩了！」

　　董宣則是上前向湖陽公主施了個禮，說道：「我就是新上任的洛陽縣令董宣，還是煩請湖陽公主將那個殺人的奴才交出來！」而那位站在隨行隊伍裡面的惡奴知道大事不好，便急忙鑽進湖陽公主乘坐的車子裡，嚇得藏在湖陽公主的身後。湖陽公主聽了董宣的話，眼睛裡充滿了不屑，高高地抬起頭，不以為然地說：「你真是好大的膽子，

攔截我湖陽公主的馬車，你有幾個腦袋也不夠砍！」但是湖陽公主並沒有想到，她的一番話對於董宣來說並沒有什麼震懾力，只見這個白髮蒼蒼的老頭瞪著眼睛，拔下腰間的佩劍，十分生氣地質問湖陽公主：「你身為漢朝的公主，代表著皇家的權威，可是你卻帶頭蔑視朝廷律法，你這又是該當何罪？」這時湖陽公主看到自己面前這個怒髮衝冠的老頭，頓時被他身上表現出來的凜然氣勢鎮住了，一時之間竟然也找不到別的理由，變得有點不知所措。這個時候，董宣接著又說道：「王子犯法還與庶民同罪，何況只是一個小小的家奴！皇上既然封我為洛陽的縣令，我就是洛陽的父母官，就要為百姓的利益著想，在我的任期中，不能容許這樣的惡徒逍遙法外！」董宣一聲令下，洛陽府邸的官吏便一起上前，將那個殺害無辜的殺人犯拖出來，當場處死。

　　湖陽公主認為董宣的做法是不把自己放在眼裡，是對自己權力的蔑視，當場氣得渾身顫抖，嘴唇哆嗦。其實，只不過是死了一個家奴，湖陽公主並沒有放在心上，她所氣憤的是，董宣竟然當著洛陽百姓的面，在大街上對她如此地羞辱，這讓她怎麼甘心？湖陽公主越想越氣，也顧不得繼續和董宣爭吵，立馬命人掉轉車頭，向皇宮的方向駛去。湖陽公主剛一見到自己的親弟光武帝劉秀，便大吵大鬧，劉秀見狀，便問自己姐姐到底發生了什麼事情，湖陽公主哭哭啼啼的將整個事情告訴了他，光武帝聽後，也是氣憤萬分。光武帝認為董宣不尊重自己姐姐就是不尊重他這個一國之君，真是可惡！一想到這裡，劉秀便對自己的侍衛說：「趕快把這個逆臣給帶上來，竟敢忤逆公主，我要將他打死在公主面前！」

　　董宣被人召進大殿之後，不顧姐弟倆要吃人的眼光，對光武帝作揖說：「皇上，請聽完我說的話，再處死我也不遲啊！」光武帝還正在氣頭上，便對董宣說：「你真是不知好歹，死到臨頭還有什麼話可

說！」董宣老淚縱橫，但還是很嚴肅地說：「皇上您是一個賢明的君王，這才有了漢朝再次繁盛的局面。沒想到今天卻聽任皇親的家奴濫殺無辜，殘害百姓！有人想使漢室江山長治久安，國家法律嚴明，豪強被抑制，卻要落得個亂棍打死的下場。陛下一直都說要用文教和法律來治理國家，現在，陛下的姐姐縱奴殺人，陛下不加管教，反而要將執法的臣子置於死地，這是什麼道理？陛下的江山要用什麼治理？要我死很容易，不用棍棒捶打，我自己一死便是了。」說完這番話，董宣便撞向自己旁邊的殿柱上，撞得頭破血流。

　　光武帝並不是一個昏君，聽完董宣的一番話，他自己也知道董宣做得並沒有錯，心中也對這個剛正不阿的老臣充滿了敬佩。再看到地上這個血流滿面的老人，劉秀是非常地後悔，趕緊讓人將董宣攙扶起來，還傳太醫為他包紮好傷口，說道：「看在你如此忠心為國的分上，就不再追究你的過錯了，但是你當街使湖陽公主難堪，最起碼你也應該給湖陽公主賠個禮道個歉啊！」董宣卻認為自己並沒有錯，無論如何也不會給湖陽公主道歉的，所以還是站在那裡，對於光武帝的話也不遵從。光武帝看到董宣這樣，也沒有辦法，但是旁邊自己的姐姐也是一肚子的委屈，於是只得命令自己身邊的侍從，將董宣半拉半扯的扶到湖陽公主的面前，可是無論兩個侍從怎麼按著他，他都不肯低下頭。湖陽公主心中也是知道自己沒有道理，但是對於這件事還是耿耿於懷，如果這口氣不出，就不能呼吸一樣，看到董宣這樣，便冷笑著對自己的弟弟說：「以前您還是一個普通老百姓的時候，把官府的勢力都不放在眼裡，甚至經常會讓還在逃的罪犯藏在自己的家裡。如今你自己做了這大漢的帝王，對於一個小小的洛陽縣令也束手無策，真是丟盡了皇室的臉面！」光武帝劉秀聽完姐姐的話，也沒有生氣，只是很巧妙地回答說：「以前少不更事，而做了許多觸犯律法的事，而現在正是因為我已經是一國之君，律法乃是治理國家的根本，

我更應該做一個表率，嚴於律己，嚴格執法，如果還是像從前一樣，那麼這個江山如何能守住，你說是吧？」隨後，光武帝又轉過臉看著董宣說：「你呀，真可謂是一個強項令啊，脖子也真是夠硬，既然公主都不生氣了，你還不下去！」從那以後，董宣便有了「強項令」這個稱號，繼續將那些不遵紀守法的達官貴人繩之以法。董宣這個名字在洛陽的土豪中間也是一個令人聞風喪膽的稱呼，在他的治理下，洛陽的治安一天天變得好起來。而百姓們也親切地稱他為「臥虎」。

死於奸佞之手的忠臣李固

　　李固，出身於官僚家庭。他父親做過太常、司空。在少帝的時候，他就因為參與謀劃擁立漢順帝受封，但因為他受「亂世不當官」思想的影響而推掉了。

　　李固雖然出身官僚家庭，但他自少年時就胸懷大志。他喜好讀書，常常是不遠千里去研究學問，跋山涉水走訪名師。因此他的知識非常廣博，可以說是博古通今，上知天文，下曉地理。後來在太學裡，他結交來自各個地方的有志之士，互相學習、切磋。很多當時的讀書人都慕名來向他求學。而且當時他的名聲已經很響亮，許多朝中官員舉薦他為官，但是他認為自己不應該在學業完成之前進入官場，就都被他以各種理由推脫了。

　　少年時期的他雖然並不急於做官，但他對於國家大事還是非常關注的，對於當時的腐敗政治，他更是憂心忡忡。每當他想到王綱失墜，並且擅政不當，他的內心就平靜不下來。到了順帝繼位時，李固已是「三十而立」的年紀了，對於他來說是時候參與朝政了。那時候梁商已經在朝廷當中掌握了實權，並且也開始了精心培養梁家的勢力。李固面對這樣的朝政局面，以他的氣質和個性來說，又怎麼能忍受得了呢？所以已經身在朝中的他就開始積極參與朝政，同時也勸導其它的有識之士也要勇敢地和黑暗勢力鬥爭。

　　順帝繼位以後，東漢政局開始動盪，再加上連年發生天災，所以民不聊生，餓殍遍野。陽嘉二年的時候，地動、山崩、火災等異常現象時有發生，這在當時還不能正確解釋。大家都說是因為當今朝廷不好，天也在發怒。朝廷聽信了這樣的說法，為了平息天怒人怨，朝廷特下詔書，讓大家指出時政的弊端，並且為改變這樣的局面獻計獻

策。

在大家一致的推動下，李固站了出來，他在呈給皇上的奏章上一開頭就將矛頭對準了外戚專權。他以之前發生的外戚閻氏專權受禍為例指出外戚專權的弊端，並且毫不避諱地指出當今朝中梁氏外戚掌握權勢，擁權自重，胡作非為的事實。他認為應該除掉以梁冀為首執掌實權的外戚，把朝政歸還朝廷。除此之外，李固還將他的矛頭對準了宦官，他提出自己的建議：應該削減宦官的數量，罷免重權的宦官等策略。

最初，順帝看完李固的建議，幾乎悉數採納，順帝取消了本來要封賞宋娥的打算，並且諸常侍等人也都叩頭認罪了，並且也冊封李固做了議郎官。但是這所有的一切不過是做表面文章，裝裝樣子而已。實際上外戚梁家的實權，不但沒有被削減，而且不久順帝就封梁商為大將軍，梁冀也封了官加了賞，梁家的權勢更加膨脹。梁氏一族對李固都懷恨在心，他們想方設法對他進行陷害，後來幸虧大司農黃尚在梁商的面前為李固求情，僕射黃瓊也對他力保，這樣才使他逃過一劫。

後來，他們又對李固進行排擠，把他調離了京城，調到了廣漢去做小官。他走到途中的時候下定決心要辭官回鄉，並且閉門不願再與世人交往，對於世事也不再過問。但是梁商認為如果能把李固拉攏到自己身邊的話，那對自己將非常有價值，所以他就對李固採取了邊打邊拉的策略。李固在家待了不到一年，就又提拔他做了從事中郎，所以他就又回到了朝廷。但是李固畢竟還是那樣的性格和品行，他並不會因為梁商給了他做官的機會，就會放棄對外戚專權的反對與鬥爭。

李固事實上還沒有看透當時的梁商，認為他一直以皇后父親的身份對朝政進行把持，但是他對自己還是有所約束的，假如他能夠帶頭自動放棄權勢，那麼外戚專權的局勢就可以得到緩解，事情解決起來

就容易多了。於是，李固就寫奏章言明，建議梁商能夠自動辭退高官放棄權利，為他人作個表率。結果，梁商對於李固的一片赤誠之言並不領情。過了沒多久，梁商就又找了藉口把李固調離了朝廷，做了荊州刺史。梁商死後，他的兒子梁冀承父職做了大將軍，並且又開始了新一輪更加激烈的朝政之爭。當時李固查出他所管轄的一個地方太守高賜有貪贓不法行為，並要對其進行懲治。高賜去行賄梁冀並向他求救。梁冀派人去李固所在的地方持文書急救，沒想到李固不但不買帳，而且抓得更緊了。後來，梁冀沒有辦法，只得釜底抽薪，再一次把李固調離了。但是由於李固的政績很好，聲望也愈來愈高，所有的有志之士都把重整朝政的希望放在了他的身上，就要求朝廷能夠讓他回來參政。梁冀迫於社會壓力，不得已同意把李固調回了朝廷，但是從此以後李固與梁冀就在朝廷內展開了一番更為激烈的鬥爭。

此後順帝病逝，梁冀把持朝政，屢次擁立小皇帝，自己則掌握實權。先立沖帝，後立質帝，沖帝只在位一年就病逝了。質帝雖小，但是非常聰慧，他看出了梁冀等人的心懷不軌，並且默默記在了心裡。梁冀恐怕為自己留下後患，就在質帝的食物中下毒，殺害了小皇帝。

李固知道這件事是梁冀幹的，所以要徹查質帝的死因，但終究沒有查出任何結果。但梁冀因此對李固卻更加懷恨在心。在第三次選立皇帝的鬥爭中，李固更加堅定了要重整朝政的決心，所以他決定以死力爭選出一位好皇帝。他聯合朝中的有志之士一起參與鬥爭，沒想到最後其中的幾個人尤其是胡廣和趙戒被梁冀威逼利誘所收買。而梁固卻因為這次立帝事件給梁冀落下了口實，最終被陷害並且斷送了自己的性命。

李固在他臨死前給曾經被梁冀收買的胡廣、趙戒寫了信。在信中他提道：自己受到了朝廷的恩惠，本來就應該竭盡全力保存大漢的江山，理應把自己的生死置之度外，所以他立志要扶持皇上把朝政治理

得更好，使國家越來越興盛，所以對於自己的生死榮辱他是不放在心
上的。他本來以為自己找到了志同道合的朋友，沒想到自己卻錯了，
最終胡廣、趙戒等人面對梁冀的威逼利誘，就把自己的安危和利益放
在了最前面，居然可以不顧國家的危亡和興衰，對外戚專權屈服。他
激動地說道：「我李固雖然丟掉了自己的性命，但是我不後悔，因為
我死得其所，我為了自己的志向，為了國家而死，所以我沒有什麼可
懊喪的。」

　　李固就這樣被陷害身亡，但是他為國為民的大義精神讓漢朝的百
姓永遠銘記。就像他說的那樣，公正的史學家沒有忘記他，讓他成為
了後代子孫學習的榜樣。

貪官的剋星李膺

　　李膺自幼便熟讀詩書，滿腹才華，文能授人學問，武能安邦定國，曾經被司徒胡廣相中，做了青州刺史和漁陽太守等一些小的職位。當時正趕上鮮卑族幾次侵犯漢朝邊境，於是便又封李膺任職烏桓校尉一職。他帶領著士兵，自己做表率，對於投來的武器從不畏懼，屢戰屢勝。後來因為某些事情被免去了官職，返回自己的家鄉，開始設立學堂教書，聽他上課的學生一千多人，一時之間，名聲大震。西元一五六年，鮮卑再次侵犯漢朝，漢桓帝只好重新任命李膺為大將軍，征討鮮卑。李膺剛到邊境，鮮卑人害怕他的聲威，嚇得當場投降。

　　西元一五九年，李膺做了河南府尹。他曾與一些忠臣聯手懲治那些作惡多端的宦官。羊元群不顧朝廷的法律，貪污受賄，就算是廁所裡面的一個小物品，他也會帶走，貪婪程度可見一斑，在百姓的心中名聲甚是狼藉，疾惡如仇的李膺對他很是看不過眼，便奏請皇上處罰羊元群，而羊元群卻用一大筆錢收買了皇上身邊的宦官，致使自己逃過了懲罰，還借機誣陷李膺，使李膺和馮緄、劉祐等幾位忠臣良將被關入了大牢。朝中另一位大臣陳蕃幾次上書求情都沒有收到任何效果，最後劉質、成晉冤死於獄中，李膺與馮緄、劉祐等人則被處罰去做了苦力。直到後來，司隸校尉應奉上疏為他們而向皇上求情，這才使李膺脫離了苦海。

　　後來，皇上又任命李膺做司隸校尉，他還是像從前一樣不畏強勢，剛正不阿。當時漢桓帝身邊的宦官張讓，有一個弟弟叫張朔，任野王令一職，他依仗著自己的哥哥是皇上面前的紅人，便無惡不作，殘忍暴虐，甚至還變態到殺孕婦來給自己取樂，這讓李膺非常憤怒，

於是決定逮捕他。張朔聽到消息後，便連夜逃到了自己的哥哥張讓家裡，躲藏在「合柱」中，李膺知道後帶著自己的人馬直接闖進張宅，將張朔逮捕，審訊完之後，便將張朔立即處死。張讓得知弟弟被處死的消息，便向漢桓帝喊冤，漢桓帝質問李膺沒有他的命令怎麼就可以把人給斬了？李膺則是回答說：「以前孔夫子任職魯國司寇的時候，上任短短七日便將少正卯殺死。而臣現在到任已經十天有餘了，只是懲辦了一個小小的張朔，本來我認為應該是我沒有及時除去張朔這個禍害而有過，沒想到卻是因為將這個禍害處死而獲罪。我知道自己這次闖下了大禍，但是我懇請皇上再讓我多活五日，等我抓住那個罪魁禍首之後，任憑皇上處置。」李膺的一番話說得是有理有據，讓漢桓帝無言以對，只好對張讓說：「這件事情是你弟弟的不對，司隸有什麼罪可言呢？」從這件事情之後，朝中的宦官都小心翼翼，就連說話也是輕聲細語，假日裡也不再出去玩耍，這讓漢桓帝非常奇怪，問起原因，宦官們一致答道「害怕李校尉。」

李膺的這種行為，召來了許多宦官們的忌恨，但是許多的忠心之士和學生們都非常尊敬和擁護他。太學生對他稱道：「天下的臣民都應該像李元禮一樣。」李膺在實際意義上也就成了太學生運動的靈魂人物。隨著李膺的威望越來越大，朝中的宦官也就越來越想要將李膺置於死地。

西元一六六年，宦官一致污蔑李膺等人拉攏太學生，結黨營私，敗壞朝綱，有傷風俗。在宦官的策動下，漢桓帝信以為真，非常震怒，立即下令昭告天下，將李膺等兩百多人逮捕。這些人都被他們帶上了腳鐐手銬，頭上還被蒙住，就這樣每個人都遭受到了嚴刑拷打。但是李膺的骨頭非常硬，反應也很機智，在他的供詞中很多都牽涉了宦官的子弟，所以為防惹禍上身，也就對他不予深究。太尉陳蕃對於這次的事件極力地反對，他向皇上上書說，「如今被關入大牢的人，

在朝野上下都是十分有威望的人，他們每一個人對漢朝忠心耿耿，鞍前馬後，哪怕是厚賜他們十代的子孫都不為過，哪還有讓他們平白無故蒙受屈辱的道理呢？」而當皇上令他在處決李膺等人的公文上簽字的時候，陳蕃很嚴厲地拒絕了。陳蕃，字仲舉，被太學生稱為：「不畏強權的陳仲舉。」這個稱呼對於陳蕃來說是很恰當的。漢桓帝皇后的父親竇武，平時就是特別喜歡與太學生結交，他也以漢桓帝岳父的身份奏請皇上赦免他們，並且還稱病威脅漢桓帝，如果不放人，他就要辭去官職，最終迫使漢桓帝將他們釋放，但是卻對他們終身監禁，一生不得為官。這也是東漢王朝成立後的第一次「黨錮之禍」。

「黨錮之禍」就這樣平息後，陳蕃也因為上書求情而被廢黜了太尉這個職位。可是這場暴風雨還沒有結束，只是剛剛開始。李膺有一位學生名為荀爽，還特意寫了一封信勸導李膺：「這麼長時間都沒能去探望您，也沒能親耳聽到您的教誨，我對您就像對我的父親一樣敬重，您不在身邊的一天，就好像時間過去了一年一樣。學生明白您因為朝庭中的某種因素，只好在陽城居住下來，每天與山水為伴。而最近聽說漢桓帝大怒，廢了陳太尉的官職，現如今，聰明的人為了躲避災禍大多都離開了。這樣做雖然違背了眾人的願望，但是在我看來卻未嘗不是一件好事。學生想您一定會同意的，對您的選擇不會後悔。也祝願您在家能夠修身養性，平平安安地度過每一天，安於自己的生活，忘掉這塵世間的繁雜，和那漂浮不定的宦海……。」荀爽給他的老師寫這封信的意願就是：希望自己的老師能夠在這個亂世中委屈一下自己的堅持。可是，荀爽怎麼也想不到，在這種亂世中生存，大多數人都在劫難逃，李膺哪怕是「屈節」也還是很難免了殺身之禍，更何況，像李膺這樣的人怎麼可能為了苟活而「屈節」呢？

西元一六七年，漢桓帝駕崩，漢靈帝繼位，竇太后垂簾聽政，朝中的實權也全部落入大將軍竇武的手中，於是重新任用陳蕃，封他為

太傅，手中也掌握著一部分的實權。竇武和陳蕃一直以來都主張剷除宦官專權這一局面，如今兩人手上都有實權，也到了最佳的時機。於是在兩人共同商議下，任命尹勳為尚書令，而劉瑜為侍中，屯騎校尉則由馮述擔任，並且還將當年被廢黜的李膺、劉猛、杜密等一些大臣入朝為官，想要將宦官的勢力連根拔掉。於是，一場轟轟烈烈剷除宦官的運動開始了，最初竇太后是不同意這樣做，因為她自己也寵信了一個宦官曹節。但是陳蕃等人沒有按照太后的旨意行事，而是將決定暗地裡實行，無奈，他們的做法被宦官們有所察覺，反倒聯合起來污蔑竇武、陳蕃等人叛亂，宦官曹節還帶領眾宦官劫持了竇太后和漢靈帝，最後竇武因為寡不敵眾，而自殺身亡陳蕃最後也被捕遇害。

竇武、陳蕃剷除宦官勢力的舉動是得到了很多有識之士和太學生的大力支持。竇武、陳蕃死後，東漢王朝又開始了第二次「黨錮之禍」，殺害了許多太學生和所謂的同黨。這一次的「黨錮之禍」，延續了十幾年，範圍之大，涉及面之廣，都是前所未有的。

這次禍亂之前，竇武這些人與太學生都聯繫緊密，勢力相比之前也擴大了許多，而這些人也就開始互相標榜，各自取雅號。像是他們將李膺、荀翌、杜密、王暢、劉祐、魏朗、趙典、朱寓八人稱為「八俊」，「因為都是英雄之輩。」而太學生們又將郭林宗、宗慈、巴肅、夏馥、范滂、尹勳、蔡衍、羊陟稱為「八顧」，「他們的言行舉止可以引領別人」。又稱張儉、岑至、劉表、陳翔、孔昱、苑康、檀敷、翟超八人為「八極」，「他們能夠引導人們。」還將度尚、張邈、王考、劉儒、胡母班、秦周、蕃向、王章稱為「八廚」，「說他們用自己的錢財來救援別人。」在他們這三十五個人當中，就屬李膺的身份最是顯赫，除了竇武、劉淑和陳太尉之外，便只有他了。

而第二次的黨錮之禍，則是因為「八極」之一的張儉，不慎被小人污蔑而遭受牽連，一時之間，社會局勢又動盪起來。

　　張儉事件發生後，很多人都勸說李膺趕快逃走。而李膺卻回答道：「遇到事情不要害怕有危險，如果有罪就不躲避處罰，這就是一個做臣子的應有的氣節。我現在已經六十歲，生死則是聽天由命，還能再往哪裡躲呢？」於是他自己主動奔赴大牢，隨後被拷打至死。他的妻子被發放邊遠地區，而他的父兄則因被他牽連而都被關進了大牢，可謂是淒慘無比。

剛正不阿的孔融

在孔融十歲的時候，就跟隨父親來到了京城洛陽。那時候，士大夫李膺也居住在京城，李膺一般很少與人往來，若不是什麼名士或者親戚，守門的奴才是不會通報的，否則就會受李膺的斥責。當時的孔融僅僅十歲，因為很崇拜李膺的才華，很想看看李膺到底是一個什麼樣的人，於是登門拜訪。小孔融到了李膺的府邸，看到守門人就說：「我是士大夫李膺的一個遠房親戚，麻煩您給通報一聲。」守門人一聽，立即去向李膺通報，李膺接見了他。看他只是一個小孩子，李膺就問他：「小傢伙，請問你與我有什麼親戚關係呀？」小孔融一點也不怯場，立即答道：「我當然和你有關係了，從前我的祖先孔子與你家的祖先老子有師資之尊呢，這樣算起來，我與你還是世交呢！」當時有很多的賓客在，對於小孔融的回答都感到很驚奇。不久，陳韙來到李膺的府第，賓客將這件告訴了他，他卻不以為然，說：「小時候優秀算什麼，長大了未必優秀。」孔融聽到，立刻反駁陳韙道：「那麼您小時候一定很聰明吧。」陳韙被小孔融噎得無話可說。李膺哈哈大笑，說道：「你這麼聰明將來肯定能成大器。」

東漢末年，「黨錮之禍」風起雲湧，宦官專權，侵權朝野，干涉朝政，大規模的搜捕、誅殺忠義之士。張儉因為得罪了宦官侯覽遭到朝廷的通緝。孔融的哥哥是張儉的好朋友，於是張儉便來投奔他。不巧的是，孔褒當時不在家裡，而孔融僅有十六歲。張儉因為孔融的年紀太小，便沒有將實情和他講清楚。孔融看到張儉的形色慌張，便把張儉留了下來。之後事情敗露，張儉慌忙逃走，連累孔融、孔褒下獄。孔融義正詞嚴地說張儉是他留到家裡的，他就應該負責；孔褒不肯，堅持要由自己負責；而孔母呢，說她身為一家之主，她應該負

責，這樣爭來爭去，「一門爭死」。郡縣官吏也拿不定主意了，只能上報朝廷，請皇上裁決。孔融因此聲名鵲起。州郡好幾次舉薦他做官，卻都被辭謝了。

漢靈帝時，孔融開始走入仕途，擔起彈劾的重任，專門負責彈劾貪官污吏。河南尹何進擔任大將軍一職，司徒楊賜讓孔融帶了賀禮前往祝賀，不想卻被擋在了門外，孔融生氣極了，隨後留下彈劾狀告辭了。這可把何進氣惱了，私下裡派人追殺孔融。何進因為害怕孔融彈劾自己，為了討好孔融，推薦孔融為侍御史，但是孔融素來與中丞趙舍不和，於是再次辭官。何進又一次辟舉孔融為司空掾，北軍中侯。孔融就職僅僅三日，就又升遷為虎賁中郎將。董卓總攬朝政之後，意圖篡權奪位，廢掉漢少帝，取而代之，由於孔融生性耿直，言語之間多次冒犯董卓，董卓便懷恨在心，將孔融貶為議郎，隨後又把孔融派到黃巾軍最為猖獗的北海國為相。

孔融在北海的這段時間，起兵講武，在討伐黃巾軍張饒的戰役中，落敗，繼而遷居到保朱虛縣。在那裡，孔融建造城邑，設立學校，表顯儒術薦舉賢良鄭玄、彭璆、邴原等。在當地頗有政聲，百姓稱他為「孔北海」。後來被管亥包圍，派太史慈平原向劉備求救。劉備受寵若驚，立即發兵，很快便解除了困境。當時，袁紹、曹操的勢力也逐漸強大起來，而孔融深知紹、操二人終究是要篡奪漢室的奸雄，所以至死也不願意投靠他們。曾有人好意勸說孔融投奔袁紹或者曹操，孔融一氣之下，竟然把那個人殺了。建安元年，袁譚進攻北海，被攻下之後孔融逃往東山，他的妻兒不幸被袁譚虜獲。

漢獻帝遷都許昌之後，徵召孔融擔任將作大匠的職位，後晉升為少府，後又被封為太中大夫。孔融恃才負氣，所出言論往往和傳統相悖，不但多次反對曹操的決定。由於他對漢室一直忠心，主張增強漢室實權，這件事更是激怒了曹操。因此，在建安十三年八月壬子日，

孔融被曹操誣陷，以招合徒眾，意圖謀反，「謗訕朝廷」、「不遵超儀」等一些莫須有的罪名殺害，株連九族，享年五十五歲。

志士建功立業展壯懷

張騫出使西域全紀實

　　漢朝所說的西域，是指中國新疆和中亞一帶。這一地區和現今甘肅省的大部分以及寧夏等地，當時都在匈奴的控制下。漢朝與西域，當時是分居在匈奴的東西兩邊，不能直接來往。匈奴一直是漢朝嚴重的邊患。漢武帝即位後，一心想徹底解除匈奴的威脅。從投降的匈奴人那裡獲悉，西域有個叫大月氏的國家，同匈奴有滅國殺君之仇。大月氏本在敦煌、祁連間（今甘肅河西走廊），後來被匈奴冒頓單于攻破。冒頓單于的兒子老上單于把大月氏王殺了，拿他的頭顱作成酒器（有說尿器），作為勝利的紀念。大月氏被迫遷移到大夏（今中亞細亞布哈爾之南）。漢武帝想聯合大月氏，由雙方出兵夾擊匈奴，施行「以夷制夷」的策略。但大月氏遠在西域，與中國一向無來往，彼此相距萬餘里，如何去聯繫呢？非派遣一個有大勇、大略的人前往不可。

　　一個非凡勇敢、健壯的人被選中了，這人就是張騫。張騫是漢中城固（今陝西省城固縣）人，在朝中任「郎」的官職（漢制，郎是殿廷侍衛的意思，不在正規編制之內）。漢武帝見他長得儀表非凡，心中甚是喜歡，使委以專使，前往大月氏。當時張騫不足三十歲。

　　漢武帝建元二年（西元前139年），張騫帶領著一百人的隊伍，從長安出發遠征。他的主要助手，是一名熟悉匈奴情況、名叫甘父的奴隸。張騫持「節」（一根七尺長的竹竿，掛著三把犛牛毛，表示皇帝使臣的身份），渡過黃河，悄悄進入河西，想通過河西匈奴地區，去西域尋找大月氏國。不料在河西西部沙漠裡迷路了，遭遇到大隊匈奴騎兵，並被其俘虜。

　　張騫被帶到單于處受審。因張騫所持漢節和致大月氏的璽書均已

被匈奴兵卒搜去了，他無法隱瞞，便直言自己是漢朝派赴大月氏國的使者。張騫和他的部眾全部被匈奴扣留。

單于對張騫說：「月氏在吾北（其實是在匈奴之西），漢何以得使？吾欲使越（指廣東而言），漢肯聽我乎？」為羈縻和軟化張騫，單于選了一名胡女嫁給張騫為妻，目的不僅要留下他，而且要他投降，進而為匈奴籌畫南下，以犯中國。

張騫手持漢節，忠心耿耿，被軟禁了十年。隨行的壯士幾乎死散殆盡，只剩下二三十人。但張騫心如鐵石，對國家所賦予的使命未曾忘記一日。日久年深，匈奴對他的監視也寬懈了。一日，乘匈奴不備，他率部分屬員向西逃去。他們在茫茫沙漠中走了幾十天，又迷了路。張騫以日月星辰判明了方位。飲食發生困難，幸賴甘父善射，獵得飛禽走獸來充饑解渴。歷經百般艱辛，他們走了十幾天，終於到達西域大國之一的大宛（今吉爾吉斯共和國一帶）。

大宛國王早就聽說東方有一地大物博、富庶繁榮的中國，見到中國人來訪，非常高興，殷切款待，敬如上賓。張騫表明來意後說道：「如果國王肯助我到大月氏國，將來回漢朝後必重禮相謝。」大宛王很羨慕漢朝的稀珍財物，於是派人護送他們到康居國（今土庫曼斯坦），由康居轉至大月氏。

這時，大月氏太子即位，而且因大月氏已征服了大夏，有肥沃的土地，生活富裕，四境安寧，已無意再向匈奴輕起干戈，報復舊仇。張騫雖一再遊說，費盡口舌，終不得要領。大月氏王雖然對漢使千萬里迢迢來訪很是感激，但的確感到兩國相距遙遠，夾擊匈奴之策萬難實現。遠隔萬水千山，同漢朝結盟，只能是願望而已。

張騫在大月氏住了一年多，終於懷著失望的心情，頹然而返。

回程時，為免遭匈奴留難，也為探尋新的路線，張騫取道南山，想經羌中東來，避開匈奴。不幸，過羌中後，又為匈奴遊騎所俘。張

騫原以為此次必死無疑，但在匈奴一年多後（西元前126年），老單于病故，太子和他的弟弟為爭王位發生內訌。張騫乘機攜胡妻得以逃出。張騫出使時，同去壯工一百人，歸來時只剩下了他和甘父二人。

漢武帝得到張騫生還消息。大喜過望。立即召見。

張騫於建元二年（西元前139年）出使，元朔三年（西元前126年）回朝。前後歷時十三年。不管遇到何等艱難險阻，那代表他神聖使命的「節」，始終握在手中。漢武帝在長樂宮接見張騫時，張騫把那幾乎脫光了毛的「節」，雙手奉獻給武帝。武帝很受感動，拜張騫為太中大夫。甘父被封為奉使君，尊稱為堂邑父，以酬其多年的辛勞。

張騫雖未完成同大月氏國結盟、以夷制夷的戰略使命，但他把在西域的所見所聞啟奏漢武帝後，使武帝對西域產生了極大的興趣。

張騫向漢武帝詳細陳述了西域的情形：「西域的範圍很大，有三十多個國家，都在匈奴之西、烏孫之南（今伊黎河上游），南北有大山，中央有大河，那河東西長六千多里（今新疆之塔里木河）有東西兩源。西源出蔥嶺，東源出于闐。于闐（今新疆于闐、和闐間）是西域一個小國，在南山之下。南山之上終年積雪，又叫做雪山。雪山地勢很高，好像一座房頂。于闐以西的河水都向西流，于闐以東的河水都向東流，流入一個大湖。湖水都是鹹的，叫做鹽澤（今之羅布泊）。這鹽澤中的水，春夏不增、冬秋不減。原來鹽澤之東，有一條伏流，從地底下潛行。東南由積石山流出，那就是黃河的源泉。這兒是胡馬羌人活動的地方。從隴西往西域，必須經過這胡羌之地。到西域的路有兩條，沿大河南岸，南北山麓，可通莎車（今新疆莎車），這是南道。沿大河北岸，經北方之麓，一直通到疏勒（今新疆疏勒），再越過幾層大山，就是大宛、康居，這是北道。

「臣從匈奴逃出，沿北道至大宛。大宛距長安一萬兩千餘里，人

口三十多萬，地方富庶，人民多以耕種為生。那裡的人好飲酒，富者
往往藏酒萬石，幾十年也飲不完。那裡有一種果實，顆顆如珍珠一般
晶瑩且甜蜜可口，叫做葡萄；又有一種草，青翠芳香，名叫苜蓿。平
時，人食葡萄，馬食苜蓿。大宛的馬，更是可愛，有一丈多高，二丈
多長，渾身棕赤，如火練一般，一日可行千里。還有一個特點，那馬
每到日中出汗，汗下如血，故叫做汗血馬……。」

　　漢武帝聽張騫所講，不禁歎息道：這般好的地方，可惜路途遙
遠，又為匈奴、羌人所阻，不能交通。

　　張騫道：「臣此行，發現一條新路，可不穿過匈奴、羌中而直達
西域。張騫身履其境的有大宛、大月氏、大夏、康古。聽說附近還有
五六個大國。臣在大夏時，見到邛（今四川）的竹杖和蜀布（細麻
布）。據大夏人講，這些東西都是從身毒國（今印度）買得的。可
見，身毒國距我蜀地一定不很遠。如自蜀、經身毒國、大夏而到達西
域，或許是通大宛的一條捷徑哩！」

　　武帝聽張騫講西域、通西域的途徑，大喜，拜張騫為博望侯。

　　張騫被封為博望侯不到兩年，被降為庶民。那時元狩三年（西元
前120年），霍去病由隴出擊匈奴，派張騫和李廣由右北平（今北京）
分道出擊。李廣所部，被匈奴右賢王所率四萬騎兵包圍。李廣雖殺匈
奴兵三千，但漢兵傷亡四千人之多。幸賴張騫率兵及時趕到，使李廣
脫身，但張騫因行軍遲緩而被判處死刑。幸虧他以前對國家有功，免
死罪，但被削去「博望侯」封號，降為庶民。

　　張騫失去了博望侯的功名，心中難免怏怏不快，很想有機會再出
國一次，以求立功報國。恰在此時，武帝又召他入宮，詢問西域情
形。張騫便向武帝講述了西域的一個故事：「匈奴之西，大宛東北，
有個國家叫烏孫。烏孫王名叫昆莫。昆莫的父親難兜靡，原住在祁連
山和敦煌之間，與大月氏毗鄰。昆莫剛出世時，大月氏攻擊烏孫，將

難兜靡殺死，昆莫被棄在曠野裡。後來被烏孫翎侯（烏孫官名）抱起，輾轉逃到匈奴。匈奴王以昆莫被棄不死，是為神人，便收養了他。昆莫長大成人後，英武非凡，屢立戰功。匈奴便撥給他一支軍馬，助他復國。昆莫號召國人為父復仇，一戰將大月氏擊敗。大月氏因此才被趕到西方。由於烏孫故土已為匈奴佔領，昆莫便在現在的地方重建國家，但每每眷念故土。」

「自匈奴老王死後，烏孫和匈奴的感情日疏，常常發生衝突。這些西域小國，無不貪戀中國的玉帛和漢室女子。如果我們能遣使，賜以金帛，約為婚姻，那烏孫必來歸附。這樣，聯烏孫以制匈奴，才是斷匈奴右臂、一勞永逸之計。」

張騫的一席話打動了武帝，他起用張騫為中郎將。元狩四年（西元前119年），張騫帶了三百隨從、六百匹馬、萬頭牛羊、千萬金銀，浩浩蕩蕩出使烏孫（今巴爾喀什湖、伊犁一帶），打通西域，以斷匈奴右臂。

因霍去病已開闢了河西走廊，漢朝同西域間已有直接通途。張騫此次出使，一路上未遇什麼風險，順利地到達烏孫國。

烏孫地處?嶺以北，是西域諸國中一個較強大的國家，習俗與匈奴相似。張騫去不逢時，他到達烏孫時，烏孫王昆莫已年老，國內諸子爭王位，全國已分裂為三，自顧不暇，哪裡還有心思來接待遠途而來的漢使。

張騫聯烏孫以制匈奴的策略經交涉無結果，但他利用在烏孫停留的機會，派遣許多副使分別到大宛、康居、大月氏、大夏、安息、身毒等國去訪問。

張騫此行，財力雄厚、人才眾多。他安排的這番大規模外交行動，很有成效。各國都派使答聘，一時間齊集烏孫。隨後，烏孫也派了使者數十人，攜帶駿馬數十匹。隨張騫來中國觀光。

各國使者，久聞漢朝國勢鼎盛，今日一見長安城中宮殿之宏偉、帝王之威嚴、兵馬之雄壯、民眾之富強，無不流連忘返。他們回朝報告時，把漢朝說得如天堂一般。從此，烏孫同漢朝的關係更前進了一步。

張騫是在武帝元鼎二年（西元前115年）回到長安的，被拜為大行令（大行，即如今之大使），位列九卿，專門管理對外聯絡。不幸的是，張騫未能親眼目睹他同西域各國聯絡的成果。因勞累過度，他回國後一年多就去世了。

「大隱隱於朝」的東方朔

　　漢武帝登基以後，廣納天下有才能的人，這便使得各地的奇人異士，文人學者紛紛上書應聘，東方朔便是其中一位，東方朔寫了三千片竹簡，兩個人合力才能夠將它扛起，漢武帝也是連續讀了兩個月才將它全部看完。在東方朔的上書中寫道：「我自小的時候，父母離去，我便跟著自己的哥哥嫂嫂們生活。直到我十三歲的時候，才有了讀書的機會，自知機會來之不易，所以比常人更加努力刻苦地學習，用近三年的時間讀完了所有的文史書籍。到我十五歲的那一年，跟著一個師傅學習劍術，十六歲那年開始學習《詩》、《書》，總共讀了二十二萬字。十九歲的時候便開始研究兵法，熟讀兵書，對於各種兵器的用法也是比較熟悉，在這方面我也讀了有二十二萬字了，兩項相加也有四十四萬字。對於子路我是無比的欽佩。而現如今我已經二十二歲了，是堂堂的七尺男兒。眼睛比較有神氣，像夜明珠一樣發亮，而牙齒就像靚麗的貝殼一樣潔白整齊，如孟賁般的勇猛無畏，如慶忌般的身手敏捷，如鮑叔般的清廉節約，如尾生般的有情有義。我東方朔便是一個這樣的人，有資格做皇上您的大臣吧！臣東方朔冒著被殺頭的危險，再次向您舉薦自己。」漢武帝看了東方朔誇張的自薦書之後，對於書中所流露的豪氣是無比的讚賞，於是便下令讓他在公車署中待詔。

　　自從來到公車府以後，朝廷俸祿比較少，而已經來到很久了，卻連皇上的影子都沒有看到，這讓東方朔非常不滿。為了能夠很快的見到漢武帝，他便想出了一個辦法，他故意給那幾個養馬的侏儒說：「皇上因為你們這幾個種田不能種，打仗又不行，治國安邦更是沒有那樣的才華，總的來說，你們幾個人對漢朝根本就是沒有一點用處，

所以漢武帝打算將你們幾個人殺掉。你們還不趕緊去求皇帝免去你們的死罪！」侏儒們聽了東方朔的話，心中都十分恐慌，哭著去漢武帝那裡請求饒恕。漢武帝仔細暸解事情原委後，立即將這個造謠的東方朔召來責問。東方朔的如意算盤總算成功了，他也得到了親自面見皇上的機會。他略帶幽默地說：「我這麼做也是沒有辦法的啊。他們幾個人身高才三尺，而我身高卻是九尺，但是所掙的朝廷俸祿卻都是一樣的，這樣下來，總不能讓他們撐死而讓我這個九尺的人餓死吧！皇上如果感覺我沒有才能，不能重用我，那麼就乾脆讓我出宮好了，這樣下去，只會浪費糧食。」東方朔略帶調侃的一番話，讓漢武帝哈哈大笑起來，於是便命他為金馬門，沒過多長時間又被封為侍郎，跟在漢武帝的身邊。

漢武帝平時非常喜歡玩遊戲，在閒暇之餘，經常會出一些謎語，讓自己的侍從猜測。而東方朔每一次都能夠猜中，並且回答得也非常流利，漢武帝對他很是寵愛。而東方朔也是抓住這個機會，多次向漢武帝進諫自己對朝政的看法。

漢武帝的姑媽館陶公主，就是竇漪房的女兒，也叫竇太主，她的丈夫堂邑侯陳午離世後，她自己一直沒有再嫁，守寡多年，已經是五十多歲了。平常的時候，有一些賣珠寶的人經常會到她家去，其中有一個女子，她十三歲的兒子特別漂亮可愛，這讓館陶公主十分喜歡，便將他帶在自己的身邊，並找來師傅教他騎射劍術，他就是董偃。等到他十八歲的時候，就已經是一個非常英俊的少年。他與館陶公主外出的時候同乘一輛馬車，而在公主府則是同臥一榻，兩人的關係十分親密，整個京師全都知道他們之間非同尋常，於是便稱董偃為董君。

有一天，漢武帝去公主府看望她，公主知道後比較的激動，親自為漢武帝做宴席。漢武帝在宴席上對館陶公主要求見見這個董君，於是公主便將董偃叫了出來。漢武帝抬頭一看，只見董君的頭上戴著一

頂綠帽子，手上還套著一個皮筒子，就這樣跟在館陶公主的後面，對武帝說：「臣便是董偃，是公主家的廚師，今日能見君顏，萬分榮幸，叩見吾皇萬歲！」漢武帝看見他長相非常俊美，心中對他也是十分的喜歡，當下命人給了他很多的賞賜，並稱他為「主人翁」。從這以後，董偃便常常陪著漢武帝鬥雞走狗，一起狩獵踢球。他和漢武帝的關係也漸漸的熟識起來，名聲在京城也是十分的響亮，京城中的每一個王公貴戚都認識他。

有一次，漢武帝在宣室擺下了酒宴來招待館陶公主和董偃。當館陶公主帶著董君剛要進入宣室的時候，東方朔便拿著長槍攔住他們，對漢武帝說：「董偃不能進入宣室，他身上有三個罪名足以將他處死：他人前是臣民，私底下卻侍奉著館陶公主，這是罪狀之一；他的做法蔑視我朝的婚姻禮制，有傷大雅，損害了先帝所制定的法制，這是他的罪狀之二；皇上現在正值壯年時期，必須將全部的心思放在六經之上，關心朝政大事，學習堯舜時期的治國安邦的策略，遵照我漢朝三代帝王的教化，而董偃不但沒有對皇上您加以勸導，反而享受著奢靡的生活，浪費過度，只知道自己一時的享樂，追求自己的耳目享受，他走的是邪門歪道，走的是淫辟之路，這些行為都有害於國家社稷，是漢朝的罪人，皇上，這便是他的罪狀之三啊。」漢武帝聽完東方朔的話，低著頭沒有說一句話，過了很長的一段時間才說：「既然已經在宣室設下了酒宴，這次就算了吧！」東方朔接著說：「當然不行。宣室乃是我朝先帝的正殿，如果不是商討國家大事，怎麼能夠隨意出入！只有這樣，才能將淫亂的事情逐漸除去。千萬不要落得這樣的境地：豎貂曾經教齊桓公淫亂之術，最後還是落得和易牙一起危害朝廷，丟失了江山；慶父只有在莒國縊死，魯國的社會局勢才安定下來；只有將管蔡誅滅，同室也才得到了穩定。」漢武帝聽完說：「確實如此。」便立即下令將酒宴改設於北宮。並且還讓董君從東司馬門

進去，後來又將東司馬門稱為東交門。漢武帝因此還賞賜給東方朔三十斤黃金，同時，也漸漸遠離了董偃，董偃在三十歲的時候就去世了。隨後沒有幾年，館陶公主也辭世，兩人合葬在了霸陵。

東方朔是中國歷史上一個充滿智慧的人，他的一生活得瀟灑，他自己寫了推薦信給漢武帝，也撈得一個太中大夫的職位，但是卻還是認為自己的才能沒有得到展示的機會，對現在的位置並沒有滿足，他說「如果能夠施展自己的才華，自己便是一頭猛虎；而如果不能施展自己的才華，自己則是一隻老鼠」，東方朔在朝堂上是漢武帝的寵臣，每一次都會將他討厭的權臣玩弄於股掌之間。人們都說「高處不勝寒」「伴君如伴虎」，但是在東方朔的身上卻完全沒有體現這一點。中國古代對一些高人隱士分成了三個等級，說：「一般的隱士隱於山林之中，而更高一點的隱士則是隱居在人際繁雜的都市，而最大的隱者則是隱居在這魚龍混雜的官場上」，東方朔就屬於最後的一種，人們稱他為「大隱」、「智聖」。

西元前一三八年，漢武帝為了給自己建造一個閒暇時可以遊獵的場所，於是便選出了方圓百里的良田，命人建造了一個規模很大的林苑，用來打發時間。朝中很多的大臣對此就是順著帝王的意思，雙手贊同，而東方朔卻是堅決反對：「據說，一個人如果秉著謙虛謹慎的性格，上天便會賜福給他，而如果一個人奢侈成性，那麼上天也會降下災難給他。現在皇上您嫌棄現在的宮殿不夠高大，苑林不夠寬廣，並且還要重新修建上林苑。試想一下，中國關中一帶，土地肥沃，每年的產量也是非常可觀，正是這樣，我們的國家才得以太平，百姓也才能生活的富足，如果將這肥沃的土地用作上林苑的話，上對不起國家，下愧對於百姓；為了自己一時的享樂而建造虎鹿樂園，毀掉他人的墳墓，拆掉別人的房屋，這樣就會使百姓流離失所，悲痛欲絕，進而會對朝廷產生怨恨。當年殷紂王為了建九市而造成了諸侯之間的叛

亂，楚靈王為了建造章華臺而落得一個民心盡失，秦始皇修築阿房宮
而導致了天下大亂。這些古人的實例，一定要借鑒，不能沒有察覺
啊！」漢武帝心中雖然還是想修上林苑，但是對於東方朔的直言不諱
還是非常的欣賞，便又下詔賜給東方朔一百斤黃金，還封他太中大夫
給事中的官銜。

　　漢武帝的妹妹隆慮公主晚年才生了一個兒子，被漢武帝封為昭平
君，對他寵愛有加，因此也養成了他驕橫霸道的性格，有一次，昭平
君喝酒之後殺死了一個人，審理此事的官員都不知道怎麼辦，於是只
能向漢武帝請示。因為礙於漢朝的法律，漢武帝不好明著將他赦免。
於是在眾臣面前，做做樣子，暗示廷尉免了昭平君的罪。所有的大臣
都明白漢武帝心中是怎麼想的，於是便都為昭平君求情，只有東方朔
裝作自己什麼都不知道，還對漢武帝讚揚道：「賢明的君王執政，懲
罰和獎賞都不避諱自己的仇敵，而誅殺也不會避諱自己的骨肉。當今
聖上如此的嚴明，乃是天下老百姓的福氣啊！」他的這番話讓漢武帝
很難再徇私枉法，只好按照漢朝的律法將昭平君處置了。

　　漢武帝一向是好大喜功，更是喜歡大臣們對他歌功頌德。有一
次，漢武帝向東方朔問道：「在先生的眼中，朕是一個怎樣的帝王
呢？」東方朔回答說：「皇上的功勞，要比古時的三皇五帝厲害多
了，要不然也不會有這麼多有才能的人願意輔佐您啊，例如您的丞相
周公旦、邵公等，您的御史大夫孔丘啊，還有您的大將軍姜子牙……
都是多麼有才能的人啊！」東方朔接連說出來古時候三十二個有治國
才能的賢臣都說是漢武帝的大臣。他說話的語氣略帶諷刺，但是姿態
卻又滑稽無比，讓漢武帝哭笑不得，只能一笑了事，但是在漢武帝心
中也知道自己確實不如這些君王。

　　就這樣，東方朔在這個複雜的朝堂上，能夠如魚得水，如果不是
一個有著大智慧的人，怎麼可能做到這一點呢？

少年英雄霍去病

霍去病是大將軍衛青的姐姐衛少兒與平陽縣吏霍仲孺私通所生。因為與皇戚的裙帶關係，霍去病在十八歲就得到了皇帝的喜愛，做了侍中。元朔六年（西元前123年），霍去病被漢武帝任命為驃騎校尉，跟隨大將軍衛青出擊匈奴。霍去病善騎射，作戰勇敢。在一次作戰中，他率領八百驍勇騎兵，深入數百里去尋殲匈奴，殲敵兩千零六十八人，其中包括相國、當戶和單于祖父輩籍若侯產。在戰後行賞時漢武帝封食邑一千六百戶，並賜冠軍侯。

元狩二年（西元前121年）春，霍去病被升任為驃騎將軍，率領一萬騎兵出隴西，越過烏戾山，歷經六國，轉戰六天。在此戰中，漢軍殺死折蘭王，砍下盧胡王的頭顱，誅滅金甲，活捉渾邪王的兒子和相國、都尉，殲滅敵人八千多人。回師後，霍去病被加封二千戶食邑。

這一年的夏天，霍去病與合騎將軍公孫敖兵分兩路攻打匈奴。合騎將軍一方損兵折將，無功而返。而霍去病率軍向前深入，與合騎將軍失去聯絡後，越過居延澤，到達祁連山，俘獲酋塗王，投降者二千五百人，斬殺三萬零二百人，同時捕獲五位小王和五個小王的母親、單于閼氏和王子五十九人，相國、將軍、當戶、都尉六十三人。在班師回朝後，武帝加封五千戶食邑給霍去病。

霍去病的軍隊配備精良，士兵、馬匹和武器裝備都要經過嚴格挑選。這也是他的軍隊取勝的關鍵。而霍去病本人英勇善戰，這是大家一致認同的。他本人經常深入敵人腹地作戰，常常跟精壯騎兵跑在大部隊前面。由於他膽大心細，所以屢戰屢勝，越來越受到皇上的寵信，其地位與大將軍衛青不相上下。

元狩二年（西元前121年）秋，匈奴單于由於惱怒渾邪王屢次被漢

軍打敗，準備狠狠地懲罰邪王。渾邪王得到消息後，便與休屠王商量投降漢朝。漢武帝得到奏報後擔心匈奴利用詐降來偷襲，便派霍去病率軍前去迎接。霍去病領兵渡過黃河，與渾邪王遠近相望。渾邪王部將看到漢軍威風凜凜，擔心自己投降後得不到好下場，便紛紛向後逃遁。霍去病飛馬闖進匈奴軍營與渾邪王相見，並斬殺了逃跑的士兵，又命渾邪王乘驛車去面見皇帝，自己則率所降士兵數萬人，號稱十萬人，返回長安。這一次，驃騎將軍霍去病的名聲大振，獲得食邑一千七百戶。由於霍去病的這一勝利，使得河西一帶變得安定和平。從此漢朝開始控制河西地區，打開了通向西域的通道。

元狩四年（西元前119年），漢武帝建議利用匈奴輕視漢軍，認為漢軍不敢渡過大漠作戰，故而放鬆漠北防禦之機，發兵攻打匈奴。經過商議，文武百官一致擁護漢武帝的建議。於是漢武帝命大將軍衛青和驃騎將軍霍去病各率五萬騎兵，同時有步兵和運輸部隊共幾十萬人共同攻擊匈奴。敢於力戰深入的士兵都隸屬於驃騎將軍，而軍需物資等都和大將軍一起行動。

霍去病從代郡出兵，直接任命李敢等高級校尉作為副將。在戰鬥中，霍去病直指匈奴左方的軍隊，大勝而歸，功勞遠勝於大將軍衛青。武帝因此十分高興，當眾宣佈：「驃騎將軍霍去病率軍出征，親自率領所捕獲的匈奴勇士，輕裝前進。穿過大沙漠，涉水而擒獲單于近臣章渠，誅殺比車耆，轉攻左大將，奪取軍旗戰鼓。翻過離侯山，渡過弓閭水，捕獲屯頭王、韓王等三人，將軍、相國、當戶、都尉十三人，漢軍減員只有十分之三，並從敵人那裡奪取了糧草，遠征軍隊的糧草卻不絕。劃五千八百戶食邑加封給驃騎將軍霍去病。」而隨同驃騎將軍作戰的各將及校尉都因功封侯獲食邑。

後來，漢朝設大司馬一職，衛青和霍去病同為大司馬。在俸祿方面，漢武帝還命制定法令使驃騎將軍的俸祿與大將軍衛青相同。因

此，驃騎將軍霍去病的權勢日益顯貴，超過了大將軍，很多大將軍的故交和門客轉投到了霍去病府下。

霍去病平時少言寡語，默默無聞，城府很深。他敢作敢為。武帝曾教他孫武、吳起兵法，而他卻回答說：「作戰只要看謀略如何就是了，不必學習古代兵法。」武帝賞賜他一座府邸，讓他去看看，他卻回答說：「匈奴未滅，何以為家？」霍去病這種有膽有識、不計較個人利益的行為深得皇帝的信賴。但是，因為霍去病身為外戚，少年時就受寵信，伺候於皇帝左右，被寵慣了，所以身上有擺脫不掉的貴族積習，不關心體恤士兵。霍去病率軍出征時，武帝派給他的生活用品幾十車，在作戰結束後還有大量剩餘，回來時霍去病命士兵扔掉這些物資，而自己手下的士兵卻有挨餓的。霍去病在塞外時，士兵缺糧，有的人餓得要死，而他卻仍畫地為球場踢球，尋歡作樂。

元狩六年（西元前117年），霍去病去世，年僅二十四歲。霍去病死後舉國憑弔。武帝調發鐵甲軍，列隊從長安直到茂陵，為他修建墳墓。霍去病諡號景桓侯，合併「武」和「廣地」兩層意思，哀榮無比。在霍去病死後，「匈奴未滅，何以為家」成了男兒報國的千古名句。

北海牧羊的蘇武

自從衛青、霍去病等人將匈奴打敗以後，雙方口頭上都表示願意與漢朝和好，並且也好幾年沒有戰事，但事實上匈奴一直沒有放棄進犯中原的野心。

匈奴的單于一次次派使者來漢朝求和，但是讓人意想不到的是漢朝派去回訪的使者，有的竟被他們扣押了。

西元前一百年，當匈奴再次進犯漢朝邊境時，漢武帝正要帶兵攻打匈奴，匈奴就派了使者來向漢朝求和，同時還把原來扣押的漢朝使者都放了回來。漢武帝為了對匈奴的善意求和進行答覆，就派當時任中郎將的蘇武拿著求和用的旌節，帶著他的副手張勝以及隨員常惠，去匈奴回訪了。

蘇武到達了匈奴以後，將漢朝扣留的使者送回，並且送上了漢朝帶來的禮物。蘇武正在等待匈奴單于讓他回去並帶回信的時候，沒想到一件倒楣的事發生了，並且讓蘇武以後的人生都發生了變化。

在蘇武到達匈奴之前，有個叫衛律的漢人，他在出使匈奴後不久被扣押了，然後就投降了匈奴。匈奴單于對他特別看重，就封他做了匈奴的王。

衛律有一個叫做虞常的部下，平日裡對衛律的作為很不滿意。他原來和張勝是朋友，也就是蘇武的副手。他和張勝在暗地裡商量殺了衛律，然後再將單于的母親劫持了，立即逃回中原。

張勝對於虞常的建議表示贊同，但卻不想和他一起實施。後來沒想到虞常計劃失敗，被匈奴人捉住了。單于對此事非常憤怒，下令審問虞常，並且要查出同謀。

蘇武本來對這件事情毫不知情。可是這時候的張勝怕受到虞常的

牽連，就把這件事完完整整地告訴了蘇武。

蘇武聽完了張勝的話說：「既然事情已經到了這樣的地步，那麼最終我一定會受到牽連。如果等到讓人家審問完了再死，那不是更給咱們的大漢朝丟臉嗎？」說罷，他就要拔刀自殺。幸好張勝和常惠眼明手快，將他手裡的刀奪了下來，然後把他勸住了。

虞常雖然受盡了各種酷刑，但是他最終只承認了和張勝是朋友，並且兩人曾經說過話，至於和他同謀，虞常拼死也不承認。

衛律將結果報告給單于。單于聽完大怒，想立即將蘇武殺死，但是被大臣們給勸阻下來，單于想了想，放棄了殺蘇武的念頭，但是卻叫衛律逼蘇武投降。

蘇武一聽衛律是前來勸降的，就對他說：「我作為大漢朝的使者，如果連自己前來回訪的使命都違背了，連自己的氣節都喪失了，那還有什麼臉面活下去呢？」說完就拔出刀來要抹脖子。

衛律見到這種情形，嚇得慌忙將他一把抱住，但此時蘇武的脖子已經嚴重受傷，昏了過去。

衛律慌忙叫人對蘇武進行搶救，然後蘇武才慢慢地醒過來。

單于對於蘇武的行為非常吃驚，覺得蘇武是個好漢，有氣節，於是對他十分欽佩。蘇武的傷剛剛痊癒，單于就又想逼迫蘇武投降匈奴。

單于派衛律對虞常進行審問，讓蘇武坐在一旁聽著。然後衛律又把虞常定為了死罪，接著就把他殺了；衛律又舉劍對張勝進行威脅，張勝最終因為貪生怕死投降了。

衛律處置了張勝以後，對蘇武說：「你下屬犯了罪，是因為你失職，管教不嚴，所以你也得連坐。」

蘇武說：「根據法律，我沒有和他們同謀殺害你，又不是他們其中任何一個人的親屬，他們有自己的思想，他們犯了錯為什麼我要連

坐？」

衛律又舉起了劍對蘇武進行威脅，蘇武看著衛律不動聲色。最終，衛律沒有辦法，只好放下了舉起的劍，對蘇武軟語相勸道：「其實剛開始我也和你一樣，死活不肯投降匈奴，但是單于對我非常好，不僅封我為王，還給了我滿山的牛羊和幾萬名部下，讓我在這享盡了富貴榮華。這些都是我們在漢朝沒有的待遇啊！如果你能夠向匈奴投降，你的明天也一定會和我一樣，甚至會比我更好，何必這樣固執？最終也許還會白白地送掉性命呢？」

蘇武聽完衛律的話，突然怒氣沖沖地站起來指著他說：「衛律！你不要忘了你是漢人的兒子，你是大漢朝的臣子。可是現在你卻忘恩負義，你叛國投敵，你背叛了生你養你的父母，厚顏無恥地成為了漢奸，還能舔著臉來讓我投降，你做夢吧，無論怎樣我都不會投降的。」

衛律沒能夠勸降蘇武，反而碰了一鼻子灰，他回去向單于報告了這個情況。單于不信還能有這麼倔強的人，就把蘇武關在了他們的地窖裡，不給他飯吃也不給他水喝，想盡了一切辦法對他進行長期的折磨，逼他屈服投降。

這時候正是寒冷的冬季，在這天寒地凍的地窖的外面下起了鵝毛般的大雪。蘇武忍受著飢餓的折磨，渴了，他從地上捧起一把雪放在嘴裡止渴；餓了，他就扯一些能夠充饑的東西拿來啃，例如皮帶、羊皮片等。就這樣連續過了幾天，他居然奇跡般地活了下來。

單于見對他進行折磨也沒用，於是就把他送到了北海的邊上，讓他去那裡放羊，並且把他和常惠分開，不允許他們互相傳遞消息，單于還對蘇武說：「要想讓我放你回去也可以，等到有一天公羊能夠生小羊的時候，我就放你回去。」大家應該都知道公羊是不可能生小羊的，單于這樣說的目的不過是在告訴蘇武他已經被長期監禁罷了。

在這之後，蘇武就被送到了北海，讓人沒有想到的是當時的北海旁邊連人都沒有，唯一能夠陪伴他的就是他手裡那根代表朝廷的旌節。在北海的日子非常艱難，匈奴不給蘇武提供口糧，他餓了只能挖掘一些野鼠洞裡的草根。日子久了，就連他手中那根旌節也變了樣，上面的穗子全掉了。

這樣的日子一直到持續到西元前八十五年，所有的人似乎都忘記了這個守在北海上的人。匈奴的單于終於死了，匈奴內部也發生戰亂，當時的匈奴被分裂成三個國家。新繼位單于再也沒有力量和精力去和漢朝打仗，就又派使者來到漢朝求和。那個時候，原來在位的漢武帝已經離世了，當時在位的皇帝是漢昭帝。漢昭帝立即派了漢朝使者到匈奴向當時的單于要人，讓他們放回蘇武，但匈奴不甘心，就對漢朝使者謊稱蘇武已死。派去的使者想這麼多年過去了，蘇武又受盡了磨難，就對單于的話信以為真了，此後也就沒再提起過。

第二次，漢朝又派使者到匈奴回訪，這時候蘇武原來的隨從常惠還留在匈奴。於是，他就想盡了辦法把一個匈奴人買通了，然後私下裡和來匈奴回訪的漢朝使者見了面，然後把蘇武被原來的匈奴單于送去北海牧羊的情況告訴了他，並求大漢朝解救他們。使者瞭解了常惠的所說的情況，再次見到單于的時候，使者嚴厲地對他責備道：「匈奴既然有意與我們大漢朝和好，實在不應該有事情欺騙漢朝皇室。那日，我們皇上在狩獵時射下一隻大雁，沒想到它的腳上卻拴著一條綢子，綢子上面寫著蘇武還活著，可是你怎麼就說他已經死了呢？這到底是什麼原因呢？我們皇上對此事很看重，想知道匈奴是不是故意扣人不放啊？」

單于聽完了使者的話，嚇了一跳。他還真以為蘇武的忠義連飛鳥都被他感動了，所以大雁才替他送的消息。為此他鄭重地向使者道了歉，他對使者說：「蘇武的確實還活著，我們這就把他完好無損地送

回去就是了。」

　　當初蘇武去匈奴出使的時候只有四十歲。他在匈奴留了十九年。在這十九年裡他受盡了折磨，鬍鬚和頭髮都已經全白了。在他回到長安的當天，來迎接他的不只是他的家人、朋友，而是整個長安的人們。當他們看見白髮蒼蒼的蘇武手裡拿著那根只剩下一根光杆子的旌節時，沒有一個人不被他的精神所感動的，所有的人都在說他是大漢朝的英雄，是個有氣節的大丈夫。

「破胡壯侯」陳湯

　　陳湯少年時生活窮困，有時要靠乞討度日。但是他喜歡讀書，作文思路開闊。後來他流浪到了長安，認識了富平侯張勃，從此他的人生發生了很大的變化。初元二年（西元前47年），漢元帝下詔，要求公侯大臣推薦人才，張勃便向朝廷推薦了陳湯。

　　但是，造化弄人，在等待分配期間，陳湯的父親去世了。陳湯聽到父親的死訊，卻沒有奔喪回家，這就觸犯了那個時代的要求。有人就向皇上檢舉陳湯缺乏孝道，不遵守常規行事。於是朝廷譴責了張勃，以他舉薦不當而削減了他的食邑二百戶，同時還將陳湯拘捕下獄。後來經過貴人的幫助，陳湯終於被任為郎官。胸懷大志的陳湯主動請求出使外國，幾年後被任為西域都護府副校尉，與校尉（正職）甘延壽奉命出使西域。

　　當時西域的情況十分複雜。宣帝時期匈奴內亂，五個單于爭奪王位，陳湯與甘延壽就是在瞭解了這些情況後，於建昭三年（西元前36年）出兵西域的。陳湯為人沉穩，而且有勇有謀，善於把握全域。在出使西域時，陳湯、甘延壽只帶了一支護衛軍隊，而不是征討大軍。當他們走出國境時，陳湯便對甘延壽說出了自己的想法：郅支單于剽悍殘暴，稱雄於西域，如果他再發展下去，必定是西域的禍患。現在他居地遙遠，沒有可以固守的城池，也沒有善於使用強弩的將士，如果我們召集起屯田戍邊的兵卒，再調用烏孫等國的兵員，直接去攻擊郅支，他守是守不住的，逃跑也沒有可藏之處。甘延壽同意了陳湯的建議，便說要奏請朝廷同意後行動。正在這個節骨眼上，甘延壽卻得了病，此事就這樣被耽擱了下來。

　　時間一天天過去了，如果再耽擱下去，一定會誤事。於是陳湯便

果斷地採取了假傳聖旨的措施，調集漢朝屯田之兵及車師國的兵員。甘延壽在病榻上知道這個消息後十分震驚，要知道擅自調動軍隊是觸犯王法的。不料陳湯憤怒地說：「大軍已經彙集而來，你難道還想要阻擋大軍嗎？不抓住戰機，怎麼能建功立業？」說完就集結軍隊，帶著四萬多人大張旗鼓地向北進發。

郅支單于得到漢軍進攻的消息時，先打算逃跑，後來一想不如堅守，漢兵遠道而來，肯定不能長久地待下去。誰知漢兵的攻擊十分猛烈，不到兩天時間，城池就被漢軍攻破了。郅支單于死於亂軍之中。這次勝利，既剪除了為害西域的一大禍根，又為遇難受辱的漢使報仇雪恨，極大地提高了漢朝的大國威信。戰後，甘延壽與陳湯立即寫出上報朝廷的奏疏，派人連同郅支首級送回長安。

正當甘延壽與陳湯帶領將士凱旋時，朝中的司隸校衛（執法官員）也從長安出發了，他們在大路上攔住了陳湯，對他進行檢查。

原來有人告發陳湯私藏錢財，所以司隸校衛攔路搜查，準備拘捕。陳湯立即上書皇帝說：「我與將士們不遠萬里誅殺郅支單于，按理說，朝廷應派出使者來慰勞軍隊，並表示歡迎，如今卻是司隸來檢查審問，還要拘捕我，這不是為郅支報仇嗎？」元帝聽說後，便撤回了司隸，並令沿路縣城擺設酒食夾道歡迎得勝之軍過境。回朝之後，有大臣奏請治甘延壽和陳湯假傳聖旨之罪。元帝一時拿不定主意，此事便議而不決，拖延了下來。

宗正劉向認為，甘延壽和陳湯的功大於過。他認為甘、陳「出百死，入絕域，斬郅支之首，懸旌萬里之外，揚威崑崙之西，掃谷吉之恥，立千載之功，建萬世之安，群臣之勳莫大焉」，應予封爵表彰。元帝看完劉向的上奏後，下詔赦免了甘、陳二人假傳聖旨之罪，並封甘延壽為義成侯，賜陳湯爵位為關內侯，各賞食邑三百戶、黃金一百斤，並拜陳湯為射聲校尉，延壽為長水校尉。

　　成帝劉驁即位後，丞相匡衡又向成帝起奏陳湯私藏戰品一事。於是成帝將陳湯免職。之後陳湯向成帝上書，說康居王送到漢朝來的王子（名為侍子，實有人質之意）不是真正的王子。成帝命人核實，確實是真王子。而陳湯犯了誣告乃至欺君之罪。於是成帝將陳湯逮捕入獄，準備處以死刑。這時，太中大夫谷永向成帝上書，極力讚譽陳湯的功績，於是陳湯被成帝特赦，但卻取消了他的爵位，成了一個士兵。

　　幾年後，西域都護段會宗受到烏孫兵馬的圍攻，段會宗派人請求朝廷盡快發病援救。這時有人向成帝建議，請陳湯來幫助策劃。於是，成帝就立即召見陳湯。可是，陳湯早在攻打郅支落下風濕病，兩臂不能屈伸。他看了段會宗的緊急求救奏書後，推辭說：「朝中的將相九卿都是賢能人才，我只是個被罷官的病人，不足以參與策劃大事。」成帝聽出他話中有怨氣，便用哀求的口吻說：「國家有了急事，你就不要推辭了。」陳湯這才說出了自己的想法：現在圍攻會宗的烏孫兵馬不足以戰勝會宗，因此陛下儘管放心。即使發兵去救，輕騎平均每天可走五十里，重騎平均才三十里，根本不是救急之兵。因為陳湯知道烏孫之軍皆烏合之眾，不能持久進攻，因此他推算了日期後說：「現在那裡的包圍已經解除。不出五天，會有好消息的。」過了四天果然軍書報回，說烏孫兵已解圍而去。大將軍王風通過這件事深感陳湯經驗豐富，於是奏請成帝啟用陳湯，任他為從事中郎。此後，每逢軍事上的大事都請他做出決斷。但是，陳湯經常接受別人賄賂的金錢，因此而身敗名裂。

　　後來，陳湯被免職並貶為庶人，徙居敦煌。住了幾年後，敦煌太守上書朝廷說：「陳湯曾經誅殺郅支單于，威風遠及外國，現在降為庶人，不宜住在邊塞地方。」於是又把他遷到安定（今甘肅固原縣）。議郎耿育看到陳湯處境可憐，便又上書皇帝請求成帝予以關

懷、照顧。於是，成帝下詔讓陳湯遷回長安居住，不久陳湯去世。

　　過了幾年，王莽執政之後，又追諡陳湯為「破胡壯侯」。

投筆從戎的班超

漢明帝永平五年（西元62年），班超的哥哥班固被召入京任校書郎，班超和其母隨之遷居至洛陽。因家境貧寒，班超靠替官府抄寫文書，來維持生計。班超每日伏案揮毫，常投筆而歎曰：「大丈夫無它志略，猶當效傅介子、張騫立功異域，以取封侯，安能久事筆硯間乎？」旁人都嘲笑他，班超卻說：「小子安知壯士志哉？」於是，他就去找相面的人看相，相面的人說：「祭酒，布衣諸生耳，而當封侯萬里之外！」班超問其故，相面的人說：「生燕頷虎頸，飛而食肉，此萬里侯相也！」過了不久，漢明帝問班固說：「你弟弟現在在哪裡呢？」班固說：「替官寫書，用掙來的錢奉養老母親」。於是，漢明帝就任命班超為蘭臺令史，掌管奏章和文書。然而，沒過多久，班超就因為小過失被免職。

漢武帝開通西域、漢宣帝設西域都護以後，西域諸國一直與西漢王朝保持著良好的關係。然而，這種關係被王莽改制時貶黜西域各國王號所引起的普遍不滿所打破。天鳳三年（西元16年），王莽派往西域的都護將軍李崇所率軍隊，被焉耆、姑墨等國殺得全軍覆沒。李崇死後，西域諸國遂完全斷絕了與大新帝國的聯繫。於是，公開與新莽王朝決裂的匈奴單于便趁機在新莽末年和東漢初年擴充勢力，準備重新征服西域。

東漢光武帝劉秀建武十四年（西元38年），西域的莎車、鄯善國派使者到洛陽朝貢，並請求東漢政府派遣都護。因劉秀忙於剷除地方割據勢力，鞏固政權，便沒有同意。建武二十一年（西元45年），鄯善、車師等十六國遣子入侍，並再次請派都護，劉秀仍沒有同意。後來，西域諸國互相攻伐，最終被匈奴所控制。匈奴控制了西域諸國的

人力、物力後，實力大增，屢次進犯東漢河西諸郡，邊地人民不堪其苦。

永平十六年（西元73年），奉車都尉竇固出兵攻打匈奴，班超隨從北征，在軍中任假司馬（代理司馬）之職。假司馬官很小，但它是班超由文墨生涯轉向軍旅生活的第一步。班超一到軍旅中，就顯示了與眾不同的才能。他率兵進攻伊吾（今新疆哈密西四堡），戰於蒲類海（今新疆巴裡昆湖），小試牛刀，斬俘眾多。竇固很賞識他的軍事才幹，派他和從事郭恂一起出使西域。

經過短暫而認真的準備之後，班超就和郭恂率領三十六名部下向西域進發。班超先到鄯善國（今新疆羅布泊西南）。鄯善王對班超等人先是噓寒問暖，禮敬備至，後突然改變態度，變得疏懈冷淡。班超憑著自己的敏感，估計必有原因。他對部下說：「寧覺廣禮意薄乎？此必有北虜使來，狐疑未知所從故也。明者睹未萌，況已著邪著耶？」

於是，班超便把接待他們的鄯善侍者找來，出其不意地問他：「匈奴使來數日，今安在乎？」侍者出乎意料，倉促間難以置詞，只好把情況照實說了。班超把侍者關押起來，以防洩露消息。接著，立即召集部下三十六人，飲酒高會，飲到酣處，班超故意設辭激怒大家：「卿曹與我俱在絕域，欲立大功，以求富貴。今虜使到裁數日，而王廣禮敬即廢；如令鄯善收吾屬送匈奴，骸骨長為豺狼食矣。為之奈何？」眾人都說：「今在危亡之地，死生從司馬。」班超說：「不入虎穴，不得虎子。當今之計，獨有因夜以火攻虜，使彼不知我多少，必大震怖，可殄盡也。滅此虜，則鄯善破膽，功成事立矣。」有部下說：「當與從事議之。」班超大怒，說：「吉凶決於今日。從事文俗吏，聞此必恐而謀泄，死無所名，非壯士也！」部下一致稱是。於是等天剛一黑，班超率領將士直奔匈奴使者駐地。時天刮大風，班

超命令十個人拿著鼓藏在敵人駐地以後，約好一見火起，就猛敲戰鼓，大聲吶喊。並命令其它人拿著刀槍弓弩埋伏在門兩邊。安排已畢，班超順風縱火，一時，三十六人前後鼓譟，聲勢喧天。匈奴人亂作一團，逃遁無門。班超親手搏殺了三個匈奴人，他的部下也殺死了三十多人，其餘的匈奴人都葬身火海。

第二天，班超將此事報知郭恂。郭恂先是吃驚，接著臉上出現了不悅之色。班超知道他心存嫉妒，便抬起手來對他說：「掾雖不行，班超何心獨擅之乎？」郭恂喜動顏色。班超於是請來了鄯善王，把匈奴使者的首級給他看，鄯善王大驚失色，舉國震恐。班超好言撫慰，曉之以理，鄯善王表示願意歸附漢朝，並且同意把王子送到漢朝作質子。

班超完成使命，率眾回都，把情況向竇固作了彙報。竇固大喜，上表奏明班超出使經過和所取得的成就，並請皇帝選派使者再度出使西域。皇帝很欣賞班超的勇敢和韜略，認為他是難得的人才，對竇固說：「吏如班超，何故不遣而更選乎？今以超為軍司馬，令遂前功。」竇固認為班超手下的人太少，想給他再增加一些。班超卻說：「願將本所從三十餘人足矣。如有不虞，多益為累。」

班超等人向西域進發，不久，到了于闐（今新疆和田）。當時，于闐王廣德新近攻破莎車（今新疆莎車），在南道雄幟高張，匈奴人派使者駐在于闐，名為監護其國，實際上掌握著該國的大權。班超到于闐後，于闐王對他不修禮貌，頗為冷淡。于闐巫風熾盛，巫者對于闐王說：「神怒何故欲向漢？漢使有騧馬，急求取以祠我」。于闐王派人向班超討要那匹馬，班超早已清楚事情原委，痛快地答應了。但是提出要神巫自己來牽。等到神巫到來，班超不由分說，將他殺死，把首級送還于闐王，曉以利害，責以道義。于闐王早就聽說過班超在鄯善國誅殺匈奴使者的作為，頗為惶恐，當即下令殺死匈奴使者，歸

附漢王朝。班超重賞了于闐國王及其臣子們。

當時，匈奴人扶立的龜茲（今新疆庫車縣城東郊）國王倚仗匈奴的勢力在北道肆行無忌。他派兵攻破疏勒（今新疆喀什市）國，殺死國王，另立龜茲人兜題為疏勒王，疏勒國實際掌握在龜茲人手中。第二年春，班超帶手下人從小道向疏勒國進發。班超行至兜題居住的架橐城九十里的地方，派手下吏員田慮去招降兜題。班超指示說：「兜題本非疏勒種，國人必不用命。若不即降，便可執之。」田慮隻身來見兜題。兜題見田慮勢單力孤，根本沒有投降的意思。田慮乘其不備，搶上去劫持了他。變故突然，兜提手下的人驚懼奔走。田慮乘馬疾馳，到班超處覆命。班超當即來到架橐城。他把疏勒文武官員全部集中起來，向他們陳說龜茲人種種不合理的行徑，宣佈另立原來被殺掉的疏勒國君的叫「忠」的侄兒當國王。疏勒人大悅。新王和一班官員要殺死兜題，但班超從大局出發，為了宣示漢王朝的威德信義，說服大家，釋放了兜題。疏勒平定。

至此，班超兩次出使西域，他憑藉智勇，先後使鄯善、于闐、疏勒三個王國恢復了與漢朝的友好關係。

西元七十五年，漢明帝去世，焉耆（今新疆焉耆回族自治縣）國乘漢王朝大喪的機會，圍攻西域都護，殺死了都護陳睦。班超孤立無援，而龜茲、姑墨（今新疆溫宿、阿克蘇一帶）等國也屢屢發兵，進攻疏勒。班超跟疏勒王忠互為犄角，首尾呼應，拒守架橐城。雖然勢單力孤，但仍拒守了一年多。

西元七十六年，漢章帝即位，朝廷認為陳睦已死，擔心班超獨處邊陲，難以支持，下詔命班超回國。班超受命將歸，疏勒舉國憂恐。都尉黎弇說：「漢使棄我，我必復為龜茲所滅耳。誠不忍見漢使去。」說罷，拔刀自刎而死。班超率部至于闐，于闐國王侯百姓都放聲大哭，他們說：「依漢使如父母，誠不可去。」不少人還抱住班超

的馬腿苦苦挽留。班超見狀，自知于闐父老絕不會讓他東回，而他也想留在這裡，完成他立功異域的宏願，便毅然決定，不回漢朝，重返疏勒。疏勒有兩座城在班超走後，已經重新歸降了龜茲，並且與尉頭國（今新疆阿合奇）聯合起來，圖為大亂。班超捉捕反叛首領，擊破尉頭國，殺六百餘人，使疏勒復安。

漢章帝建初三年（西元78年），班超率疏勒等國士兵一萬多人，進攻姑墨，並將其攻破，斬首級七百個，孤立了龜茲。五年（西元80年），班超上書給章帝，分析西域各國形勢及自己的處境，提出了要趁機平定西域各國的主張。書曰：「臣竊見先帝欲開西域，故北擊匈奴，西使外國，鄯善、于闐即時向化。今拘彌、莎車、疏勒、月氏、烏孫、康居復願歸附，欲共並力破滅龜茲，平通漢道。若得龜茲，則西域未服者百分之一耳。臣伏自惟念，卒伍小吏，實願從谷吉效命絕域，庶幾張騫棄身曠野。昔魏絳列國大夫，尚能和輯諸戎，況臣奉大漢之威，而無鈆刀一割之用乎？前世議者皆曰取三十六國，號為斷匈奴右臂。今西域諸國，自日之所入，莫不向化，大小欣欣，貢奉不絕，唯焉耆、龜茲獨未服從。臣前與官屬三十六人奉使絕域，備遭艱厄。自孤守疏勒，於今五載，胡夷情數，臣頗識之。問其城郭小大，皆言『倚漢與依天等』。以是效之，則鰓領可通，鰓領通則龜茲可伐。今宜拜龜茲侍子白霸為其國王，以步騎數百送之，與諸國連兵，歲月之間，龜茲可擒。以夷狄攻夷狄，計之善者也。臣見莎車、疏勒田地肥廣，草牧饒衍，不比敦煌、鄯善閒也，兵可不費中國而糧食自足。且姑墨、溫宿（今新疆烏什）二王，特為龜茲所置，既非其種，更相厭苦，其勢必有降反。若二國來降，則龜茲自破。願下臣章，參考行事。誠有萬分，死復何恨？臣超區區，特蒙神靈，竊冀未便僵僕，目見西域平定，陛下舉萬年之觴，薦勳祖廟，布大喜於天下」。班超在書中首次提出了「以夷制夷」的策略。

　　漢章帝覽表，知班超功業可成，非常滿意，準備增加班超的力量。平陵人徐幹與班超志同道合，請求奮身異域，輔佐班超。朝廷當即任命他為代理司馬，派他帶領一千人去增援班超。

　　起初，莎車以為漢兵不會來，於是降於龜茲，疏勒都尉番辰也隨之反叛。正好徐幹到達疏勒，班超與徐幹一起，殺了番辰及其叛軍，斬首千餘級，平息了叛亂。班超攻破番辰之後，想進軍龜茲。當時，烏孫國兵力強盛，班超認為該借助它的力量，於是上書：「烏孫大國，控弦十萬，故武帝妻以公主，至孝宣皇帝，卒得其用。今可遣使招慰，與共合力。」章帝採納了他的建議。

　　建初八年（西元83年），拜班超為將軍長史，假鼓吹幢麾。升任徐幹為軍司馬，另外派遣衛侯李邑護送烏孫使者，賜大小昆彌以下錦帛。李邑走到于闐，正趕上龜茲進攻疏勒，嚇得不敢再向前行。為了掩飾自己的怯懦，他上書給朝廷，說西域之事勞而無功，又說班超「擁愛妻，抱愛子，安樂外國，無內顧心」。班超聞之，歎息不已：「身非曾參而有三至之讒，恐見疑於當時矣。」於是，毅然讓妻子離開了自己。漢章帝深知班超公忠體國，下詔書切責李邑，詔書中說：「縱超擁愛妻，抱愛子，思歸之士千餘人，何能盡與超同心乎？」還命李邑接受班超的管轄調度，說讓班超根據情況決定是否讓李邑留在西域。

　　班超當即讓李邑帶著烏孫質子回京。徐幹勸班超：「邑前親毀君，欲敗西域，今何不緣詔書留之，更遣他吏送質子乎？」班超說：「是何言之陋也！以邑毀超，故今遣之。內省不疚，何恤人言！快意留之，非忠臣也。」

　　第二年，漢王朝又派和恭為代理司馬，率兵八百，增援班超。班超準備調集疏勒、于闐的兵馬進攻莎車。莎車派人跟疏勒王忠私下聯繫，用重禮賄賂他，忠背叛班超，發動叛亂，佔據烏即城。班超改立

府丞成大為疏勒王，調集兵力攻忠，康居（今巴爾喀什湖和鹹海之間）國派精兵助忠。班超久攻不下。當時，大月氏剛和康居通婚，班超派人給大月氏王送了厚禮，讓他對康居王曉以利害，康居王罷兵，把忠也帶了回去，烏即城復歸。

過了三年，忠從康居王那裡借了一些兵馬，住在損中，與龜茲勾結密謀，派人向班超詐降，班超洞見其奸，將計就計，答應他投降。忠大喜，便輕裝簡從來見班超。班超具食與樂，酒宴中，命人斬殺忠，並進軍擊敗其兵眾，南道遂通。

第二年（西元89年），班超調發于闐等國士兵兩萬多人，再攻莎車。龜茲王發遣左將軍發溫宿、姑墨、尉犁合兵五萬救援莎車。敵強我弱，班超決定運用調虎離山之計。他召集將校和于闐國王，商議軍情。他故意裝出膽怯的樣子說：「今兵少不敵，其計莫若各散去。于闐從是而東，長史亦於此西歸，可須夜鼓聲而發。」班超偷偷囑託人故意放鬆對龜茲俘虜的看管，讓他們逃回去報信。龜茲王聞之大喜，自己率萬騎在西邊截殺班超，派溫宿王率領八千人在東邊阻擊于闐。班超偵知他們已經出兵，迅速命令諸部齊發，雞鳴時分，直撲莎車大本營。營中無備，軍士奔逃，班超追斬五千餘首級，大獲其馬畜財物。莎車國只好投降，龜茲王等也只好散去。班超由此威震西域。

當初，大月氏（今阿富汗境內）國曾經幫助漢朝進攻莎車有功。西元八十七年，國王派遣使者，來到班超駐地，向漢朝進貢珍寶、獅子等物，提出要娶漢朝公主為妻。班超拒絕了這一要求，大月氏王由此心生怨恨。

永元二年（西元90年）夏，大月氏副王謝率兵七萬，東越蔥嶺（今帕米爾高原和崑崙山脈西段、喀剌崑崙山脈東南段），攻打班超。班超兵少，大家都很恐慌。班超卻說：「月氏兵雖多，然數千里逾蔥嶺來，非有運輸，何足憂邪？但當收穀堅守，彼饑窮自降，不過

數十日決矣」。大月氏副王謝進攻班超，無法攻克，搶掠糧草，又無所得，果然疲憊不堪。班超估計其糧草將盡，必派人到龜茲求救，預先命幾百名士兵在東邊埋伏，謝果然派兵帶金銀珠寶去龜茲求援。班超伏兵大出，殺死了使者，並派人拿給謝看。謝大驚，進退無據，只好遣使向班超請罪，希望能放他們一條生路，班超放他們回國，大月氏因此大震，遂與漢朝和好如初。

第二年，龜茲、姑墨、溫宿等國皆降。朝廷任命班超為都護，徐幹為長史，拜白霸為龜茲王，派司馬姚光來送他。班超和姚光命龜茲廢掉原來的國王尤裡多，扶立白霸。姚光把尤裡多帶回了京師。於是，班超駐紮在龜茲它乾城。此時，西域諸國，只剩焉耆、危須（今新疆焉耆東北）、尉犁（今新疆庫爾勒東北）三國，因為曾殺害西域都護陳睦而心懷恐懼，尚未歸漢。其餘各國，均已平定。

漢和帝永元六年（西元94年）秋，班超調發龜茲、鄯善等八國的部隊七萬人，進攻焉耆、危須、尉犁。大軍行到尉犁地方，班超派使者通告三國國王：「都護來者，欲鎮撫三國。即欲改過向善，宜遣大人來迎，當賞賜王侯已下，事畢即還。今賜王彩五百匹」。焉耆王廣便派左將北鞬支送來牛酒，迎接班超。班超指責他說：「汝雖匈奴侍子，而今秉國之權。都護自來，王不以時迎，皆汝罪也。」 班超手下的人勸他殺了北鞬支，班超不同意，他說：「非汝所及。此人權重於王，今未入其國而殺之，遂令自疑，設備守險，豈得到其城下哉」！於是班超送給北鞬支不少禮物，放他回國。焉耆王廣見北鞬支無事，就親率高官在尉犁迎接班超，奉獻禮物。不過，他並非真想讓班超進入他的國境。他一從班超那裡返回，立即下令拆掉了國境山口的圍橋。班超卻從別的道路進入其國，在距王城二十里的地方駐紮部隊。焉耆王見班超出乎意外突然到來，大驚，想逃入山中頑抗。焉耆國左侯元孟，過去曾入質京師，悄悄派使者向班超報信。班超為了穩定焉

耆國貴族，斬殺了元孟的使者。班超定下時間宴請三國國王及大臣，聲言屆時將厚加賞賜。焉耆王廣、尉犁王泛及北鞬支等三十多人信以為真，一起到會。焉耆國相腹久等十七人害怕被殺，逃跑了，危須王也沒有來。

宴會開始，大家坐定，班超突然變了臉色，責問焉耆王等「危須王為何不到彝腹久等為何逃亡」彝喝令武士把廣、泛等一舉捉獲，並在當年陳睦所駐的故城，把他們全部斬殺，傳首京師。又縱兵搶掠，斬首五千餘級，俘獲一萬五千人，馬畜牛羊三十餘萬頭。接著班超另立元孟為焉耆國王，為穩定局勢，班超還在那裡停留了半年。至此，西域五十多個國家都歸附了漢王朝，班超終於實現了立功異域的理想。

和帝永元七年（西元95年），朝廷下詔曰：「往者匈奴獨擅西域，寇盜河西，永平之末，城門晝閉。先帝深愍邊萌嬰羅寇害，乃命將帥擊右地，破白山，臨蒲類，取車師，城郭諸國震慴回應，遂開西域，置都護。而焉耆王舜、舜子忠獨謀悖逆，持其險隘，覆沒都護，並及吏士。先帝重元元之命，憚兵役之興，故使軍司馬班超安集於寘以西。超遂逾鰓領，迄縣度，出入二十二年，莫不賓從。改立其王，而綏其人。不動中國，不煩戎士，得遠夷之和，同異俗之心，而致天誅，釃宿恥，以報將士之讎。司馬法曰：『賞不逾月，欲人速鴬為善之利也。』其封超為定遠侯，邑千戶。」於是後人稱班超為「班定遠」。班超的封地在今陝西漢中鎮巴縣，該縣在清朝以前隸屬於西鄉縣時曾設「定遠廳」即源於此。

亦正亦邪，飽受爭議的佞臣

妒賢嫉能的宰相申屠嘉

　　申屠嘉生性正直，為人廉潔，從來不接受官員的賄賂，也不接受私事拜訪。那時，太中大夫鄧通深受皇帝的寵愛，經常委以重任，皇帝賞賜給他的財寶已達上萬兩。漢文帝還曾經到鄧通的家裡飲酒作樂，由此可見漢文帝對鄧通寵愛的程度之深。當時，申屠嘉擔任丞相一職，他入朝面見皇帝，當時鄧通也在場，他站在皇帝的身邊，在禮數上面顯得有些怠慢。申屠嘉看不慣鄧通恃寵而驕的樣子，在他奏事完畢之後，對皇帝說道：「皇上，您寵愛臣子，可以給他榮華富貴，讓他衣食無憂，但是朝廷上的禮節不可少，這關乎皇朝的尊嚴，不可以忽視，必須嚴肅對待。」皇帝一臉不高興地說：「你不要再說了，我就是特別喜歡鄧通，對鄧通就是偏愛。」就這樣，申屠嘉碰了一鼻子灰，上朝回來申屠嘉坐在家中，寫了一道手令，請鄧通到相府來一趟，如果他不肯的話，就會把鄧通處死。鄧通心裡非常害怕，便進宮和文帝訴苦。文帝看到鄧通委屈的樣子，心裡非常的難過，對鄧通說：「沒事，你放心前去，你到之後，我會立即派人傳召你入宮。」鄧通這才放下心來，來到丞相府之後，摘帽脫鞋，急忙給申屠嘉叩頭謝罪。申屠嘉正眼都沒有看他一眼，很隨便地坐在了一邊，故意怠慢鄧通，不以禮待他，並嚴厲的斥責他，說：「朝廷嘛，本來就是漢高祖的朝廷。而你鄧通算什麼，只不過是一個小小的臣子，卻有膽量在大殿之上不拘禮數，隨隨便便，你知道自己已經犯有大不敬之罪了嗎？此罪本應殺頭。快來人哪，馬上執行，把他拖出去斬了！」鄧通嚇得跪地求饒，額頭上已經碰得流出了鮮血，但是申屠嘉卻無意饒恕他。文帝估摸著申屠嘉已經給了鄧通教訓，就命使者手持皇帝的節旄，說要召見鄧通，並向申屠嘉表示歉意，說道：「這是我最最親近

的臣子，請您饒了他吧！」鄧通回宮後，一把鼻涕一把淚的對文帝說：「皇上不知道，丞相差一點就殺了我！」

　　申屠嘉任丞相的職務已經五年了，孝文帝駕崩之後，孝景帝即皇帝位。景帝二年，晁錯任內史一職，因為深受皇帝的寵愛，位高權重，經常為皇帝出謀劃策，皇上對他也很器重，朝廷的法令制度也都是通過他的奏請皇帝才同意變更。與此同時，晁錯還和皇帝討論如何削弱諸侯的權力。申屠嘉雖位居丞相之位，但是皇帝卻聽不進去他說的話，因此申屠嘉對晁錯記恨在心，欲除之而後快。晁錯任內史一職，內史府大門原來是由東邊通出宮外的，這就給他的進出帶來了許多不便，為了方便自己出行，晁錯便自作主張另外鑿了一道牆門向南通出。不巧的是這道新鑿出的牆對著的正好是太上皇宗廟的外牆，申屠嘉聽到這件事之後，就想憑藉晁錯擅自鑿開朝向宗廟圍牆的門為由，將他治罪法辦，立即奏請皇上處死他。但有人將這件事告訴了晁錯。晁錯心裡非常害怕，就連夜進宮，求見皇上，自動向漢景帝承認錯誤，說明情由。第二天早朝時，丞相申屠嘉奏請皇帝誅殺內史晁錯。漢景帝笑一笑，說道：「內史晁錯所鑿的圍牆並不是什麼宗廟牆，只是宗廟的周邊短牆，所以才會有很多的官員在裡面居住，況且這件事我也知道，本就是我讓他這樣做的，這樣看來晁錯有什麼罪過嗎？」退朝之後，申屠嘉很是氣憤，對長史說：「我現在真是後悔，當時沒有立即殺了晁錯，而先稟告皇帝，反而被晁錯這個傢伙欺騙了。」回到家裡後，申屠嘉因為氣憤吐血而死，諡號故安侯。

最為切合皇帝的臣子公孫弘

公孫弘少年時，因為家境貧寒，為了維持生活，他替當地的富人在海邊牧豚。年輕時，他也曾擔任過薛縣獄吏，因為沒有讀過書，學識淺薄，所以經常犯過錯，最終因罪被免職。為了實現自己的夢想，他立下誓言，一定要學有所成，走入仕途，報效國家。他志在麓臺苦讀，一直到四十歲的時候，又跟隨老師胡母子進修《春秋公羊傳》一書，這本書堪稱儒家經典著作之一。

建元元年（西元前140年），漢武帝即皇帝位，求賢若渴，下詔求訪為人賢良且通文學的人才。當時，公孫弘已經六十有餘，聽到這個消息之後，他立即以賢良的名分報名，因為公孫弘的才能突出，被任為博士。建元三年，漢武帝派公孫弘出使匈奴，由於他歸來之後陳述的情形不合漢武帝的心意，漢武帝覺得他是一個無能的人，再一次罷免了他。之後，公孫弘便一直稱病辭官，在家賦閒。

元光五年（西元前130年）漢武帝又下詔書徵求文學儒士，川國便舉薦了已經七十歲的公孫弘，但他卻連連推辭，不肯前去應詔。他說：「我出使匈奴，因為沒有才幹被罷歸，請大家另舉賢者。」不過，到最後他還是去應選了。公孫弘來到太常寺，所徵召百名儒士各自寫對策，公孫弘處為下策。後來，漢武帝在審核他們的對策時，破格提升公孫弘的對策為第一名。等到朝見漢武帝時，漢武帝見公孫弘豐儀魁偉，非常喜愛，又拜其為博士。

說起公孫弘的為人，表面上十分寬厚謙和。他雖然位高祿重，但是節儉律己，從不奢華，以人為先，因此常常被人稱道。見到自己的故舊、賓客和親朋摯友的生活困難，他總是會全力助之，也因此家無餘財，世人都誇讚他賢明。但是公孫弘本人的內心卻並非是這樣，他

為人易忌，且外寬內深，雖然表面偽善，但是暗中報復。而「殺主父偃」，就是他一手策劃的陰謀。

元朔二年，主父偃做齊相，其間有人向漢武帝上書告發主父偃受諸侯重金，就因為這樣，所以諸侯子弟才多以得封。之後，齊王劉次昌自縊身亡，漢武帝以為這是主父偃索金所逼，龍顏大怒，嚴予審治。主父偃雖然承認自己受過諸侯的賄賂，但是抵死都不承認齊王的死與自己有關係。公孫弘便乘機進言，說齊王自殺就是主父偃一手策劃，如果不處死主父偃，天子的威嚴何在，將無以服天下。武帝本來不想處死主父偃，但是聽了公孫弘的話之後，信以為真，立即下令株連主父偃全族。

元朔三年（西元前126年），張歐免官，皇帝任命公孫弘為御史大夫。當時，朝廷方通西南夷，又東置滄海郡（在現在的朝鮮），北築朔方城（在現在的內蒙古杭錦旗北）。公孫弘認為，這樣做是「敝中國以奉無用之地」，只會勞民傷財，得不償失，因此，他屢次奏言停辦，但是漢武帝不採納，並且帶著朱買臣等人去斥責公孫弘，當面陳述設朔方郡的好處，總共擺出了十條理由。公孫弘表現得無理反駁，心虛詞窮，連忙低頭悔過，改言謝罪說：「我是山東的鄉鄙之人，見識短淺，實在不知道設朔方郡的好處，經過各位解說其中的利害關係，我現在已經明白了。希望朝廷停止經營西南夷與滄海郡，專心經營朔方郡」。漢武帝恩准了他的請示。

以公孫弘的才幹，根本不遜於當時的任何一個人，在那種情況下，他不可能一條理由也說不出來。他之所以會這樣做，是怕違背了漢武帝的意願，與己不利，所以，選擇了順應漢武帝的「上上之策」。公孫弘素來以矯飾善變著稱，朝廷上下，更是眾所週知。有一次，汲黯對於他的矯情做作實在是看不下去了，就在皇上面前進言說他虛偽做作，沒想到汲黯偷雞不成反蝕把米，反而讓皇帝愈發覺得公

孫弘謙恭禮讓，對他更是寬厚有加，元朔五年，薛澤免相，皇上任公孫弘為相，封他為平壽侯。公孫弘開創了丞相封侯的先河。

當時漢武帝將儒家學說視作封建統治的正統思想，「罷黜百家，獨尊儒術」的思想盛行。漢武帝大力推行儒教，在長安城內建立太學。同時，還下令在各郡國修建學校，教育系統初步形成。在董仲舒的輔佐之下，漢武帝的封建中央集權統治大大加強。而公孫弘主要研究《春秋》，他的成就遠不及董仲舒。於是，他十分妒忌董仲舒的才能，平日裡，兩面三刀，陽奉陰違，見風使舵，而生性正直的董仲舒對於公孫弘這種小人更是深惡痛絕。以公孫弘的心思，他又怎能不知，便將自己的怨恨加到董仲舒的身上。正在這時，膠西王驕縱無賴，曾經多次陷害忠良，肆行不法。

公孫弘便上疏皇帝，說：「只有董仲舒才能夠出使膠西王。」漢武帝聽了公孫弘的話，便將仲舒派往膠西。不久，淮南王與衡山王聯合謀反。平息亂黨之後，朝廷嚴懲兩王黨徒。公孫弘意識到自己官居相位，不能夠輔佐君主治理好國家，以至於現在有王造反，自己有不可推卸的責任。

當時，公孫弘以患病為由，上書皇帝，請求辭官還鄉，並歸還侯印，避位讓賢，武帝沒有答應他的請求。過了一段時間，公孫弘的病情也逐漸好轉，武帝便再度起用他，入廷辦理政務。

元狩二年（西元前121年），公孫弘去世，享年八十歲。死後，青銅鑄棺，葬於麓臺，直到現在，公孫弘的墓址尚存。

張湯為什麼被人稱為「酷吏」

　　張湯的父親曾經在長安任長安吏，一天，他父親外出，留張湯在家看守。父親回來查看到老鼠把家中的肉偷吃了，為此父親非常生氣，要鞭笞張湯。後來張湯挖開老鼠洞，把那只偷肉的老鼠抓住，並且還找到了沒有吃完的肉，他就開始立案審訊這只賊老鼠，並且寫下了審訊的整個過程。審訊完畢，將老鼠定了罪，並且當庭執行了。他父親看後很驚奇，看完了他審問老鼠的文辭大加讚賞，開始鍛鍊他書寫治獄的文書。後來，張湯的父親死後，他就繼承父職。做了長安吏，並未在此任職很久。

　　周陽侯田勝因罪曾經被拘押在長安。這段時間內，張湯一心幫助他，為他洗刷了冤屈。因為他與張湯交情極好，在他被無罪釋放後，就經常帶領張湯引薦名門貴族。後來張湯又相繼擔任過給事內史，為寧成掾等官職，因為他辦事小心謹慎，準確無誤，就又被舉推薦給了丞相，於是他被調去做了茂陵尉，平日裡處理一些陵中事務。

　　原來漢朝的武安侯田蚡做了丞相，於是徵召張湯作為當時的丞相史，又把他推薦給漢武帝，漢武帝欣賞他的才華，讓他補任御一職，處理漢朝的訴訟案件。不久張湯就被命令接手處理陳皇后巫蠱一案，他非常認真仔細地深入追查了這一案件所涉及的黨羽團夥。這讓漢武帝對他更加欣賞，晉升他做了太中大夫。他與趙禹共同研究完善漢朝的律令，務必依照法令使漢朝的法律嚴峻細密，尤其是對任職的官吏非常嚴格。張湯和趙禹兩人關係非常密切，趙禹為人廉潔孤傲，從未在家中留食客。朝中的王公大臣相繼邀請趙禹，但他卻從不回報，他從不收受任何人的賄賂，做事情一直堅持自己的主張。而張湯則為人比較機敏，喜歡以自己的智謀駕馭他人。在一開始的時候他只是擔任

一個小吏，然後便虛情假意地與當時的宮商大賈田甲、魚翁叔這樣的人盡力搞好關係。等到他做官做到九卿的職位時，就開始收納和交結各地有名的人才和知名士大夫，即使自己並不贊許對方的做法，但是在表面上他仍然會表現出對他們的敬慕之情。

漢武帝偏愛有文才學問的人，而張湯恰巧就是這樣的一個能夠猜透別人心機的人。張湯在斷決一些大的案件時，一般都會參照一些古人的辦法，經常對《尚書》、《春秋》等書精心研究學習，以便找到解決在制定法令中所遇到的疑難之事的辦法。對於他上奏給皇上的疑難案件，一定會在奏明之前預先為皇上區別出這個案件的原委，對於皇上同意的法令，他就會使其作為決斷的辦法，同時成為以後延尉斷案的法律依據，以此來顯示皇上的英明決斷。如果張湯因為向皇上奏事而受到斥責的話，他就會立刻向皇上請罪並且虛心承認自己的錯誤，這樣往往他所犯的錯誤就會被原諒。如果他賞識某個人，想向皇上推薦的話，他就會在向皇上奏事時，表揚此人的優點，儘量遮掩他的缺點。他常常揣測皇上的意圖，對於皇上想要治罪的罪犯，他就會讓廷尉監或掾史非常嚴格地給他治罪；如果他感到皇上想要寬免這個人的罪行，他就會讓廷尉或掾史減輕這個人的罪狀。如果處理的這個案件涉及豪強，他就會按國家的相關法令給他治重罪。若是一般的貧弱平民，他則會立即口頭報告皇上。然後仍然依據國家的法令條文說出自己的觀點，往往皇上最終的裁決，就和張湯所建議的那樣。

張湯在對待那些高官時，也是非常小心謹慎的，他常常邀請賓客，並送給他們酒飯食物。對於原來朋友的子弟，不論他們最終的職業是什麼，他都會給予周到的照顧。對於朝中的公卿大夫，他更是不避寒暑地經常趕去拜訪。因此，張湯雖然在執行斷案是用法嚴峻，深刻卻並不公正，更甚至他還會利用自己的職權之便去排擠那些對自己不利的大臣，但是因為他的這種做法卻在眾人中獲得了很好的聲譽。

匈奴渾邪王投降漢朝，漢朝又趁此機會調軍討伐匈奴，使得百姓征戰連連，苦不堪言。國家為了解救這些難民，開始還為他們發放糧食，但是國庫日漸空虛，張湯便向漢武帝建議鑄造更多的白金貨幣或者五銖錢，壟斷了鹽鐵的生產和買賣，對國內商販進行排擠。張湯每次上奏國家大事，漢武帝都會採納他的意見，這使得其它的官位形同虛設。但是張湯的意見卻使得漢朝百姓民不聊生，人人都指責張湯的辦事不力。但是即使這樣，皇上得知他生病的消息還是會親自過去探望。

匈奴人派人前來和漢武帝商議和親的事情，群臣都聚集在皇帝的面前開始討論此事。當時的博士狄山主張和親，並且列舉了一系列和親對漢朝的好處，並且用漢朝歷代皇帝在位時通過和親使得天下太平的例子來說服漢武帝。漢武帝問到張湯的意見，張湯只是說狄山是個儒生，沒有什麼真的知識。狄山也憤恨地以張湯審理淮南、江都王謀反的案子說事，說他有意詆毀諸侯王，離間皇室宗親的關係，他根本就是對皇上假忠義。皇上聽了這番話，表現得有些不高興地問狄山讓他負責一個地方，是不是能夠抵禦匈奴的燒殺搶掠。狄山卻回答不能，皇上越來越不滿，最後狄山只好硬著頭皮同意了。於是皇上派狄山到邊境負責一個烽障，但是一個多月之後，匈奴人進犯，殺了狄山。從此朝中再也沒有人敢在皇上面前提和親的事情。

張湯在擔任御史大夫第七年的時候。終於被免官治罪。

河東郡人李文在擔任御史中丞的時候，經常在張湯給皇帝的奏章中尋找能夠治他罪的證據，可是都沒有得逞。張湯對此事懷恨在心。他的一個心腹叫魯謁居的屬吏猜透了他的心思，於是在奏章中陷害李文。武帝派張湯處理此事，最後張湯趁機將李文處死了。張湯為了感謝魯謁居，在他生病的時候不但親自看望，還為其按摩雙腳。

張湯曾經多次斥責趙王，而且魯謁居曾經因為審理趙王的訟案，

被趙王怨恨在心，所以一直想辦法除掉他們。他把張湯為魯謁居捏腳的事上書告發了。皇帝派人調查此事，後來魯謁居因病而死，最後這件事情被牽連到他的弟弟，於是他的弟弟被拘押了。張湯因公事去官衙審理其它囚犯，看見了魯謁居的弟弟，並且決定暗中幫助他，但在當時他只能表面上裝作與他不認識。這使得魯謁居的弟弟根本想不明白他的用意，並且因此事而怨恨他，於是就上書告發說張湯與魯謁居有陰謀，並且同時將李文的事情上書告發了。武帝將這個案子交給了與張湯不和的減宣處理。減宣對他窮追狠治，並且還不向漢武帝進奏事情的進展過程。正巧這時候孝文帝的陵園被盜丞相莊青翟上朝，打算與張湯一起向皇帝謝罪。但是張湯覺得此事沒有自己的責任，於是就失約了，並且還想告訴皇帝丞相知道這件事，這使得丞相也對他懷恨在心，日夜找罪名陷害他。

當時長史朱買臣，與莊助兩人都因受到皇帝的寵幸做了高官並且深受信任；那時候的張湯還是個小官，請求能夠拜見朱買臣等人。此事過後不久，張湯便升任了廷尉一職，在審理淮南王謀反一案時，張湯竭力排擠莊助，這使朱買臣對張湯非常不滿意。很多年以後，朱買臣因為觸犯當時的法律被降了職，後來他曾經去拜見過張湯，但是張湯很沒有禮貌，高傲地坐在床上，沒有好好理會他。這更使得朱買臣常常想要置他於死地。後來王朝和邊通兩個人也失去了官位，做了守丞相長史。他們都對張湯不滿，但一時因官職沒有張湯大，只好先在他的手下委曲求全。而張湯也知道這三位長史身份尊貴，所以在他代行丞相的職權的時候，常常故意凌辱他們。因此三個長史都對張湯懷恨在心，他們知道張湯原來以職權之便謀私利的所有事情，例如張湯每次向武帝奏報的建議都會讓田信知道，然後就囤積取利等。於是暗中商議如何陷害他。

不久他們的話就傳到了漢武帝的耳朵裡，漢武帝本就生性多疑，

聽信了這些話。後來減宣又將魯謁居的事情上奏了漢武帝。武帝果然認為張湯是貪官污吏，是個假公濟私的人。於是就讓使臣帶著八項罪名去指責張湯。張湯全部予以否認，並且表示不服。於是漢武帝又派趙禹對張湯進行責備。張湯看到自己沒有讓皇帝繼續信任的希望了，於是謝罪自殺了，臨死前他告訴皇上自己是被人陷害的。張湯死後，他們家裡的財產沒有超過五百金，這些全部都是得自皇上對張湯的賞賜，並沒有其它不明來源的產業。他的家人想要厚葬張湯。但張湯的母親認為兒子被小人誣陷自殺，不值得厚葬，於是只是用棺木、牛車把他草草安葬了。漢武帝知道這件事後就對張湯的案子進行了徹查，發現他確實是被誣告的，於是處死了三位長史。丞相莊青翟也被迫自殺了。皇上釋放了田信並且為張湯的冤死感到惋惜。為了彌補就將他的兒子張安世的官職晉升了。

　　張湯的一生雖然也做過不少錯事，他利用自己的職權之便排擠對自己不利的人，並且他的決策有時也會給百姓帶來災難，但是他一生廉潔，從不收賄行賄，這才是在賄賂成風的官場之中最為難能可貴的品德。

風流倜儻的奸佞江充

　　江充之所以有機會見到漢武帝，得到漢武帝的厚愛，究其原因還要從他的妹妹說起。

　　因為江充的妹妹善於操琴歌舞，因此被趙太子丹看重，娶回家，江充才有機會成為了趙王劉彭祖的座上客。不久，趙太子丹懷疑江充把自己的隱私告訴了趙王，二人的交情也慢慢變淡了。因為江充知道的事情太多了，太子丹便派人追捕他。太子丹因為江充逃跑而遷怒到了他的父兄，便找人把他們抓來殺了。江充在倉皇逃往長安之後，為了掩人耳目，遂更名為江充，並向朝廷告發了趙太子丹和他的同胞姐姐有奸亂，而且交通郡國豪猾，狼狽為奸，恣意為害的事情。漢武帝看到奏摺之後龍顏大怒，立即下旨包圍了趙王宮，逮捕了趙太子丹，入獄嚴治，還判了死罪。

　　這一天，江充別出心裁地將自己打扮了一番，還特意穿上親自設計的紗袍，頭戴插著羽毛的步搖冠，再加上江充的身材本來就很魁梧，英姿颯爽，相貌堂堂，漢武帝在見到他的第一眼就稱奇，還小聲對旁邊的人說：「燕趙果然是一個好地方，奇人異士輩出。」便隨口問江充對於現在的形勢有何看法，江充的回答更是深得漢武帝的喜歡，對他很是滿意，認為他一定是個人才。江充喜不自勝，覺得機不可失，失不再來，便主動向漢武帝要求出使匈奴。武帝便問他你覺得應如何應付匈奴呢？江充一臉從容地答道：「萬事都不可能有確定的答案，應該依事而變。」武帝即刻任命江充為謁者，出使匈奴，回來之後江充向漢武帝交代了一些匈奴的情況，更得武帝的欣賞，任命為直指繡衣使者。

　　江充的主要任務就是督察貴戚近臣中有沒有誰奢侈逾制，又加上

江充為報效漢武帝的恩情，所以經他舉劾人不算少。但是他的工夫，主要花在糾劾馳道上的犯禁者。

江充知道漢武帝是一個極好虛榮的人，素日裡非常講究尊嚴，他就向武帝上疏，要求如果今後有誰敢在馳道上犯禁，就要把車馬沒收，就連人也要送往征伐匈奴的軍隊去。很快漢武帝便應允了。於是，江充便在馳道上佈下了一張黑網，大規模捕捉駕車駛入馳道的車馬，一時截獲甚多。哪怕是漢武帝的姑母、陳皇后的母親館陶長公主，他也不放在眼裡，犯了錯，同樣受罰。因此，漢武帝對江充稱讚有加，說江充忠直，奉法不阿，很能辦事。此後，江充更是一發不可收拾，恃寵而驕，不可一世，馳道之上，從朝到暮，都能夠見到他這位繡衣使者的身影。

徵和二年，丞相公孫賀的兒子公孫敬聲因為犯了律法而下獄，公孫賀便向漢武帝請旨，希望可以逐捕到京師大俠朱安世，為自己的兒子贖罪，公孫賀果然得償所願。但是朱安世也並不是無能之輩，他在獄中的時候，揭發了公孫敬聲和漢武帝的女兒陽石公主的奸情，並藉此來巫蠱詛咒漢武帝。武帝聽到之後，龍顏大怒，立即下旨逮捕公孫賀父子，並且下獄問了死罪，就連衛皇后生的諸邑公主與陽石公主，也一同被漢武帝誅殺了。漢武帝的冷血無情，江充全部看在眼裡，也不禁毛骨悚然。他看到漢武帝的年事已高，身體也大不如從前，剩下的日子應該不會很久了。然而，太子劉據與他之間的前隙，越發使讓他心神不寧，寢食難安。他十分清楚，漢武帝死後，一旦太子劉據登上皇位，一定不會放過自己。經過一番策劃，他決定進宮面聖，於是去了甘泉宮探望病中的漢武帝，一番寒暄之詞過後，江充說：「皇上可以說是雄才大略，本就該壽比南山，怎料疾病不愈，這一定是巫蠱作祟，唯有徹底剷除蠱患，那麼皇上的病情方能好轉。」漢武帝平生最忌諱巫蠱一說，一聽就十分恐懼。由於自己求生心切，漢武帝竟然

信以為真，對於這位寵臣的言辭確信不疑，即刻任命江充為司隸校尉，總治巫蠱。

於是，江充便整日率領這一幫爪牙到處掘地求偶人，還利用胡人巫師捕蠱，數日之後，終於抓到了一個夜裡前來祭祀的人，並將他收捕入獄，用燒得紅紅的鐵鉗灼那個人的肌膚，強使誣服，這樣還不夠，還要讓他再污蔑他人與他一同巫蠱。就這樣，一連十、十連百地牽連下去。這些人全部被逮捕下獄，被叛大逆不道之罪，前後殺害了數萬人。然而，江充的最終目的並不在此。進而，他又向漢武帝說，宮中也有蠱氣，希望可以入宮驗治。這時的武帝被江充搞得暈頭轉向，懷疑左右都是巫蠱，都在詛咒他，立刻就同意了。

於是，江充帶領爪牙先從失寵的那些嬪妃的住處搜起，之後依次查到皇后和太子的宮中。到了太子的時候，他口口聲聲說掘出了「桐木人」。　皇太子劉據，是武帝與衛皇后的嫡親孩子，七歲那年就被漢武帝立為太子，一直深受漢武帝的喜愛。為此，漢武帝還專門為他修建了一座博望苑，以便於他交結賓客。現在的劉據已經三十多歲了，聽到江充在自己宮中掘出「桐木人」的事情後，大為惶懼，知道自己跳進黃河也洗不清了，便和少傅石德秘密商議，當機立斷，先下手逮捕了江充一夥人，並親臨斬了江充。

太子知道自己闖了大禍，立即矯詔發動兵馬自衛。皇后衛子夫、太子劉據死在了這場禍亂之中，就是歷史上的「巫蠱之禍」，這場禍亂白白死了好幾萬人，漢武帝自己也被搞得骨肉相殘。自此之後，人們就再也不相信巫蠱之事了，就連漢武帝自己也覺得自慚形穢，漸漸覺悟，知道這件事本就是江充從中作梗。於是，作「思子宮」，在衛太子被害的地方作「歸來望思之臺」，以寄託哀思。

迷惑帝王的大太監石顯

　　石顯，字君房，是濟南人。他年輕的時候因為犯了罪而受了宮刑，後來又被送入宮中當了一個小太監。漢宣帝的時候，儒家學說並不受到歡迎，漢宣帝任命熟悉法律的石顯為中書僕射，石顯和另一太監弘恭勾結在一起。漢宣帝以前在民間生活，對於百姓疾苦也是深有體會，所以雖然他提拔了弘恭石顯等人，但是卻並沒有交給他們真正的權力。漢宣帝年老的時候，一直不滿意太子劉奭的軟弱無能，原本打算另立太子，但是又考慮到他的生母是自己的患難之妻，他也就下不了這個決心，漢宣帝在刑罰重用的是弘恭、石顯，但是又讓儒家的學生蕭望之當了太子的老師，這讓太子連「謁者召致廷尉」的意思都沒有弄明白。漢宣帝歎息道，以後我漢家的天下將在太子的手中送掉啊，就這樣在漢宣帝的哀歎中，太子劉奭登基為帝，史稱漢元帝。漢元帝從小就體弱多病，登基為帝後也不能常常處理朝政，所以必須找一個察覺帝王心意又朝夕不離的人陪伴在漢元帝的身邊，而石顯則是對朝廷律法比較熟識，更是善於揣摩聖意，弘恭死後便又被提拔做了中書令，朝廷的機密檔都要經過他的手中。

　　石顯的記恨心比較強，只要是得罪過他的人，他都會尋個機會對他報復，並且每一條都有法可依，讓受害人找不出一絲破綻。蕭望之，是漢宣帝給漢元帝挑選的老師，也是漢宣帝指定的輔政大臣之一，就是因為上書漢元帝，反對宦官參與朝政，被石顯懷恨在心，將他視為眼中釘。

　　有一次，蕭望之上書彈劾外戚車騎將軍史高和侍中許章，這讓石顯抓住了把柄，立即聯合平日與蕭望之有過節的兩位大臣，一起向漢元帝上書，污蔑蕭望之離間皇上與外戚之間的關係；接著又趁著蕭望

之休息在家的時間，命人向漢元帝送上奏章，漢元帝便將這件事情交給了與石顯是一丘之貉的太監弘恭來處理，針對弘恭的查問，蕭望之也是實事求是地說出「外戚把持朝政，國法難容，這樣下去之後就會擾亂朝政。我之所以上書奏請皇上，就是為了我大漢朝的江山著想，只是為了整頓朝綱，絕不是什麼陰謀、更不是離間君臣之間的感情」。但是石顯和弘恭兩人就只是要蕭望之承認有整頓外戚的想法就足夠了，怎麼還會聽蕭望之的真實意圖呢。

　　於是他們向漢元帝進讒說，蕭望之勾結朝中大臣，對朝中的功臣進行攻擊，他的目的就是想要謀朝篡位，還是請皇上將他「謁者召致廷尉」，意思就是將蕭望之逮捕入獄。漢元帝當時剛剛登上帝位，而對於這幾個字並不知道其中的意思，也沒有多問就准奏了。等過了一陣子，漢元帝一直不見蕭望之上朝，於是就問朝上的大臣，才知道蕭望之已經被關進了大牢。又因為這件事情是經過自己批准的，也就沒有多加責備，只是一直催促著趕快將蕭望之釋放，官復原職。可是太監石顯卻對漢元帝說，您剛剛將自己的老師關進大牢，在大臣們的眼中應該是有很充足的理由的，而現在如果就這麼放了，這也就代表著是皇上您做錯了，這會降低您的威望的。漢元帝聽了石顯的一番話，感覺非常有道理，於是就下令將蕭望之貶為平民。過了幾個月之後，漢元帝對自己的做法心中有點愧疚，於是便又封蕭望之做了關內侯一職，並且還準備讓他做當朝的丞相，沒想到，蕭望之的兒子知道此事後，以為自己的父親又重新得到了皇上的信任，又舊事重提，要求皇上徹查自己父親入獄一事，他的這一舉動將漢元帝惹怒了，便命人下令調查，石顯則又趁著機會對漢元帝說：「蕭望之以前做將軍的時候，就一直離間皇上與大臣們之間的關係，依仗自己曾經是皇上您的老師而居功自大，甚至還想獨攬大權，那個時候皇上就應該治他的罪。但是皇上卻給他封侯拜相，恩寵無比，蕭望之自己不但不知道感

激皇上的厚愛，反而對以前的舊事念念不忘，還縱容自己的兒子上書，真是太不應該了。如果不將他送往監獄反省一下，這樣的人，將來怎麼能為朝廷所用呢？」而漢元帝認為蕭望之的年事已高，如果這樣對待他，恐怕他會因為這樣的羞辱而自殺，石顯又說道：「上一次將他關進大牢，他都平安無事，這一次只是小小的懲戒一番，就更沒有自殺的必要了。」於是漢元帝又下令逮捕蕭望之。石顯接到指令，便帶人將蕭望之的家團團圍住，蕭望之說：「我以前是一名戰功累累的將軍，如今已近年近七十歲了。憑我一生的功勞和現在的年齡還要讓我承受大牢這種侮辱，這樣活在世上真的是太卑微了。」說完，便自己服毒自殺。

蕭望之的死在朝廷中引起了很大的轟動，他在朝中也是很有名望的人，而石顯為了推卸責任，經過一番策劃，從當時對他談論最多的儒生堆裡著手，向漢元帝舉薦很有名氣的貢禹，讓他做了御史大夫，並且對他格外的恭敬，他的這種做法迎來了儒生們的交口稱讚，都誇讚他說能夠向君王舉薦賢明，這也給石顯在大臣之間贏了一個好名聲。

蕭望之自盡之後，漢元帝心中明白蕭望之死得非常冤枉，於是給自己的另一位老師周堪升了職，並且也提拔了周堪的學生張猛，張猛乃是張騫的孫子，滿腹才華，而周堪則是蕭望之生前的好友，石顯於是便將他們二人也看做自己的敵人，對他們百般排斥，每天都想著怎樣將他們拉下臺，甚至有一次還因為石顯的誣告，差點使張猛丟了性命。

有些日子，石顯為了進一步鞏固自己在朝中的地位，便想拉結外戚，於是他向漢元帝推薦道：「馮逡是一個有才能的人，再加上他是馮皇妃的哥哥，應該在朝中給他一個重要的職位。」漢元帝聽石顯這麼一說，便立刻召見馮逡，可是令石顯沒有想到的是馮逡見了漢元帝

之後，便讓左右侍奉的人下去，秘密告訴漢元帝，石顯依仗自己手中的權勢而任意妄為，提醒漢元帝要對他有所防範，而這時的漢元帝怎麼可能聽得進去，只知道不能有人說自己寵臣石顯的壞話，於是一氣之下，便再也沒有提升馮逡的念頭了。石顯知道這件事後，更是氣憤不已，一直在尋找機會，伺機報復，有一回朝中御史大夫的官職空缺，各大臣都推薦馮逡的哥哥馮野王出任御史大夫一職，漢元帝自己心中也感覺非常合適，便將自己的想法告訴了石顯，石顯當下說道：「馮野王在朝中一向為人正直，剛正不阿，御史大夫一職是非他莫屬啊。但是，他卻也是馮皇妃的親哥哥，如果這樣做的話，他們會以為皇上只是任用與自己關係親近的人，怕會有人不服啊！」漢元帝也是猶豫不決，最終，在石顯的挑唆下，漢元帝並沒有讓馮野王做御史大夫。

正是這樣，石顯在不動聲色間，就將自己的敵人置於死地，他利用計謀，得到了儒生的讚揚、又利用自己逢迎的本領討得皇上的歡心，許多的事情到他這裡被弄得真假難辨，甚至就連當事人也都不知道何為真，何為假。漢元帝死後，漢成帝登基。漢成帝喜歡重用外戚，石顯也就失去了昔日的輝煌，在朝中再也沒有風光起來，但是，大臣們又找不到什麼可以彈劾他的證據，最後只好作罷，將他趕回了家，就這樣，原本是漢元帝面前的小紅人，轉眼間卻落得個這樣的下場，石顯心中鬱悶，病死在回鄉的途中。回頭想想石顯的一生官場，他陷害人的技術之高超，讓被害人找不到訴苦的地方，更找不到可以平反的證據；而他的為人處世之道更是絕妙，雖然害人不淺，卻自始至終都沒有給人留下一絲的把柄。

篡奪皇位的王莽

　　歷史上陰謀篡位的人數不勝數，而像王莽這樣取而代之的恐怕就只有他一人。

　　王莽本是漢元帝皇后王政君的侄子，很小的時候，王莽的父親就去世了，很快他的哥哥也去世了。王莽自小就與母嫂相依為命，從小王莽就懂得以理服人，以禮待人，雖然他生活儉樸，但卻飽讀詩書，平日裡喜歡結交賢士，也因此聲名遠播。

　　漢元帝駕崩之後，漢成帝即位，舅父王鳳掌握朝政大權，一時間，整個朝廷都落在了王家人的手裡。

　　在眾多的孩子裡面，王莽是最讓王鳳喜歡的，在王鳳臨死之前，再三囑託皇后和皇帝一定要好好地重用王莽。就這樣，王鳳逝世後，朝廷大權就轉交到了王莽的手中。王莽從小就聰明，才智過人，雖擁有榮華富貴，處一人之下萬人之上，但是他明白，如果不得人心再高的權威有一天也可能會灰飛煙滅。所以，王莽依舊過著簡樸的生活，禮賢下士，以誠待人，恩威並施，許多的官員對於王莽的人品都讚賞有加。

　　西元二年，中原發生了百年不遇的旱災和蝗災。百姓處於水深火熱之中，時局也發生動盪。由於多年來，土豪劣紳，貴族官僚不斷地兼併土地，剝削百姓，現在遇到災荒，老百姓根本沒法活下去，老百姓處於水深火熱之中，統治發生動盪。為瞭解除百姓對朝廷的憤怒，為皇帝分憂解難，王莽積極獻計獻策。不久，旱災和蝗災都解決了。

　　太后為了犒賞他，就把兩萬多頃地賞賜給他，王莽推辭了。這樣一來，百姓對王莽就更加敬仰，王莽的聲望也更高了。

　　為了進一步鞏固霸權，王莽把自己唯一的女兒嫁給平帝，自己成

了國丈，這樣他在宮中的地位更加穩定。自己成了皇親國戚，做起事來也就會更遊刃有餘了。

漢平帝死後，王莽自稱為「假皇帝」，人們都心知肚明，「假皇帝」距離真皇帝的日子已經不遠了。隨著王莽在朝中的地位的越來越高，王莽的野心也越來越大，企圖代漢的決心也越發的強烈。

西元九年，王莽舉行了隆重的登基大典，成為了一朝開國君主，同時改國號為「新」，漢高祖劉邦辛苦創建的王朝就這樣被一個外戚給奪去了。

王莽篡權奪位，不但沒有感到愧疚，而且到處宣揚封建謠言，用來迷惑百姓。這些當然都只是迷信，卻可以看出王莽的野心，他為了奪取政權，確實是煞費苦心。他之前一切都僅僅是為籠絡人心而做的準備，獲得人們的認可，促成自己登基，圓了自己的皇帝夢。

新官上任三把火，王莽剛剛登上皇帝的寶座，自然要大幹一場了。他開始大規模的進行改革，他以《周禮》作為旗幟進行改良，《周禮》本是聖人定的制度，如果誰敢反對新政，就是反對聖人，反對《周禮》；反對聖人，就是違反綱常禮教，那就是儒文化的罪人。可以說，從指導思想這方面來看此次改革，實際就是一場託古改制運動。

登基第二年，王莽以復古改制的名義，下令變法。

王莽清楚地知道，改革的關鍵問題就是土地，從古至今，每次的變法都不能離開土地改革，所以王莽也不例外。

按理說，王莽的智商本不應該犯這種低級錯誤，他應該是一個志向遠大，可以有所作為的人，但是卻被眼前的權勢迷了雙眼，竟然做出如此糊塗的事。

王莽推行的復古改制，不僅遭到百姓的反對，許多中小地主也開始反對他的政策。復古改革，本來就是一個錯誤，社會總是向前發展

的，又豈能容你王莽復古？復古就是倒退，這是違背歷史發展規律的。在改革之前，王莽大概並沒有想到自己費盡心血策動的改革，不過只是一場鬧劇而已。

這算得上是一場非常失敗的改革，也許王莽到最終也不曉得自己究竟哪裡出了錯，但是這場改革所留下的後遺症，卻是讓王莽始料未及的，因為他一時的衝動，自己辛辛苦苦建立的新國家將要在這場改革中夭折了，僅存在了十五年。

在王莽統治後期，由於改革不當，再加之賦稅嚴重，生靈塗炭，民不聊生，百姓過著生不如死的生活，當老百姓被逼到絕望的時候，自然就會揭竿而起，推翻暴政，重建政權。

西元十五年，五原郡、代郡等地的老百姓相繼造反，高舉農民起義的大旗。王莽發覺形勢不妙，趕緊派兵鎮壓，由於這支起義軍中農民佔了大多數，缺乏作戰經驗，很快就被鎮壓下去了。

但是，好景不長，各地的農民起義風起雲湧，北方起義還未平息，南方又發生叛亂，導致政局混亂，政權動盪，嚴重影響了新政，沉重地打擊了王莽政權的統治。

西漢皇族、破落地主劉玄參加了平林兵，劉演、劉秀兄弟率家兵回應，稱「舂陵兵」。綠林軍隊伍變得越來越強大，由於劉姓人作戰經驗豐富，在百姓眼裡，他們代表著皇室，對他們也是敬畏有加，於是劉氏逐漸地把統領大權握在了自己的手上。

西元二十三年，劉玄稱帝並恢復漢朝國號，起義軍稱為漢軍。不久，劉玄逝世，大權落在劉秀的手上。

後來，漢軍攻佔都城後，統治大權就被劉秀奪得，重新建立漢朝，把洛陽作為首都，歷史上稱為「東漢」。

王莽政權從始至終，僅有十五年，如此短暫的王朝在歷史上僅此一例。

外戚權臣竇憲

　　漢章帝繼位三年的時候，也就是西元七十八年，竇憲的妹妹就被皇上寵愛而冊立為皇后。竇憲也因此升了官，開始的時候先做了郎，後來又繼任侍中、虎賁中郎將等官職。他的弟弟同樣做了官，竇氏兄弟二人，都沾了他妹妹的福氣成為皇帝的外戚，並且受到皇上的器重，朝中的王公大臣都不敢和他們互相抗衡。竇憲更是變本加厲，恃寵欺人，竟然用極低的價格強行買斷當時沁水公主的田園。公主對於竇憲的囂張氣焰也有些畏懼，不敢和他爭論。

　　但是有一天，章帝駕著車駕經過此片田地，問竇憲，他沒有回答，當時旁邊的人也因畏懼竇憲的權勢不敢言語。最後經過調查，皇上發現了此事，再加上朝中大臣有人向皇上告狀，皇帝對竇憲的行徑非常惱怒，要治他的罪，幸好皇后以降低自己的服飾等級以示謝罪為他求情，才使他逃過一劫。但是經過此事以後，皇帝對他也不再信任，再也不授予他大權了。

　　章帝去世以後，根據遺詔，竇憲的弟弟竇篤被任命為中郎將，竇景、竇瑰被任命為中常侍。太后臨朝聽政，竇憲被任命為侍中，在朝政內部主要負責機密事件，對外宣讀太后下的命令。一時間，竇憲兄弟幾個人都在朝中身居要職，權威無人能及。

　　不僅如此，竇憲在朝中還結黨營私。他發現太尉鄧彪在朝中為人謙和有禮，對於朝中的事宜常常是順從眾人的意見，從來都不相爭，便對他產生了好感，推舉他做了太傅。這樣，竇憲有什麼想要做的事情，就去鼓動鄧彪向太后上奏，而自己則在一旁告知太后，就這樣，鄧彪對他言出計從。還有桓郁，因為家裡幾代人都做過皇帝的老師，而且他本人的性情也是比較容易知足保守的，竇憲也就推薦他給皇帝

講授經書。這樣他在朝中內外都埋下了自己的眼線，於是，朝中內外沒有人能夠做出任何對竇憲不利的事情。

竇憲本身的性情也是非常狠毒的，對於很久以前的怨恨他也會懷恨在心，伺機報復。韓紆是當年審判竇憲父親案件的主要負責人，竇憲居然派人將他暗中殺死了，把他的頭砍下來祭奠自己的父親；不僅如此，他對於權勢也比較看重。劉暢作為都鄉侯來拜謁景帝，有幸遇見了太后，被太后召見過幾次，竇憲害怕劉暢會跟他爭奪權勢，公然派遣了刺客殺死劉暢，卻把罪名歸於其弟劉剛，並且派人抓來劉剛進行審問。最終真相暴露了，太后知道這件事以後非常生氣，把竇憲禁閉在了內宮。

竇憲知道自己所犯的錯誤惹怒了太后，恐怕自己的性命難以保全，於是向太后請求出兵攻打匈奴，以此來謝罪。當時南匈奴對漢朝表示友好，北匈奴卻經常侵犯漢朝。正好當時的南匈奴請求漢朝能夠出兵幫助去討伐北匈奴。正好藉此機會竇憲向太后提出了這個請求，朝廷同意了他的請求，任命竇憲以車騎將軍的身份出兵北匈奴。

第二年，竇憲、耿秉和南匈奴單于各自率領自己的軍隊軍在涿邪山也就是今天的蒙古西部、阿爾泰山東脈進行了會師。

竇憲安排副校尉閻盤和司馬耿夔等人各自率領一萬多精兵，在稽落山作戰，並且最後大破敵軍，但是北單于卻趁機逃走了。後來竇憲整頓軍隊乘勝追擊，一直追到了私渠比鞮海，也就是今天的烏布蘇諾爾湖。這一戰大獲全勝以後，竇憲和耿秉就帶領軍隊到達了燕然山，離漢朝邊境大約有三千多里，在石頭上刻字，以此紀念自己的功勳，漢朝的威德，並且下令讓班固為此作一篇銘。

北單于大敗，竇憲又命令手下將領窮追不捨，所到的地方都會宣揚大漢的國威，好多北匈奴的人都投降了漢朝。北單于也有意歸降，但是因為他沒有親自露面進行商議，竇憲不滿，懷疑北單于歸降的誠

意，要求再次出兵攻打北匈奴。這時候的南單于趁勢向竇憲示好，派人送來一隻古鼎，但是竇憲獻給了漢朝朝廷。

和帝永元元年九月，皇帝便命令中郎將持節去給竇憲封賞，任命他為大將軍，並對他進行了封爵加侯，但是竇憲堅決沒有接受朝廷的封賞。此時，竇憲的權力威震朝廷上下，同時朝中的大臣們都開始奏請朝廷，使竇憲位列三公之上並且提高他的官屬檔次。於是，竇憲率領軍隊回到了京師。朝廷大擺筵席，犒勞賞賜全部將士並進行了封賞。

當時竇氏兄弟四人都在朝中為高官，於是他們大修豪宅，極其奢華。永元二年六月，朝廷下詔對竇氏四兄弟進行侯爵加賞。只有竇憲一個人拒絕受封。七月的時候，他就帶兵出鎮涼州也就是今天的甘肅秦安縣東北，任命鄧疊作為副將。

這時候，北單于感念大漢王朝能夠將他的弟弟還回來，於是又派人向竇憲表明了向漢稱臣的請求，並想入京去朝見天子。但這時南單于向漢朝表明消滅北匈奴，然後南北合併，一起向漢稱臣。漢王朝同意了南單于的建議。於是，南單于就帶兵趁機追擊北匈奴，並且將北單于打敗，北單于因為受到重傷趁機逃走了。竇憲就趁此機會徹底消滅北匈奴，於是在永元三年，竇憲派兵在金微山將北單于打得落荒而逃，潰不成軍，北匈奴也因此滅亡。

竇憲平定了匈奴的叛亂，一時間威名大盛。他掌握了大漢兵權，並且也開始總攬朝政，在朝中各個要職開始安排自己的心腹。朝中沒有人的權勢可以大過他，也沒有人敢與其進行對抗。尚書僕射郅壽、樂恢就是因為一時違忤了竇憲的意思，相繼被其逼迫自殺。朝臣都被他們的勢力威懾住了，竇氏兄弟也開始仰仗權勢為非作歹，欺壓群臣百姓。

當時的司徒袁安每每想到因為當今的天子年幼，所以使得外戚專

權蠻橫，就會對國家大事和大漢江山感到憂慮，往往會情不自禁地嗚咽流淚。可是當時竇氏勢力實在太大，這種情況實屬無奈。竇憲依仗自己有功於大漢，更加肆意妄為，結交黨羽，甚至有的還出入後宮。和帝心裡明白他們的陰謀，但是因為自己沒有辦法與外臣接觸，所以只能一時忍氣吞聲。他得知中常侍鉤盾令鄭眾是一個辦事謹敏而且很有心機的人，並且這人平時不喜歡參與黨羽之爭，於是便把他召進宮來商議一個能夠除滅叛黨的計策。後來適逢竇憲和鄧疊帶兵回京，和帝意識到這是一個除掉他們的機會，於是便先按照他們的等級賞賜了軍中的所有將士，以便安撫軍心。竇憲剛剛進入京城大門，和帝就逮捕了他的幾個心腹並被處死。然後收回竇氏兄弟的兵權，解除了他們的官職，命令他們回到了封地。等他們回到封地以後就被迫自殺。

　　竇憲雖然是歷史上有名的外戚專權者之一，但是他北擊匈奴，確實為大漢王朝穩固江山立下了汗馬功勞。他瓦解了北匈奴的統治，引起了世界歷史上非常重要的一次民族大遷徙。事實上他北破匈奴的功勳也為後來中國的統一做出了一定的貢獻。不僅如此，北匈奴的向西遷移更是在世界上引起了一系列的連鎖反應，這就將西方的世界攪了一個天翻地覆，最終把世界上古老的羅馬帝國瓦解了。此外，這場風暴還在三百年後的歐洲起到了不小的作用，真可謂是造成了世界的一個巨大變化。

「跋扈將軍」梁冀

　　梁冀，字伯卓，東漢時期著名的權臣。他的父親梁商，是當年漢順帝旗下的大將軍。而梁商的妹妹和女兒長得都有幾分姿色，也被漢順帝先後冊封為皇后和貴人。梁冀自小出生在官宦家庭，權勢極大，可是梁冀本人長相醜陋不堪，兇神惡煞，而且無才無德，奸詐狡猾，無惡不作，卑鄙無恥。他就是一個紈絝子弟、浪蕩公子，只是因為家中權勢顯赫，所以他在仕途上一路暢通，幾年的時間，便由一個小小的侍衛上升到了執金吾這一要職，京都的一切秩序皆由他掌管，隨後又被升職為河南尹，是當時政權所在地的最高職位。梁冀的父親梁商死後，漢順帝讓梁冀繼任了他父親的大將軍職位。他掌握兵權後，排除異己，暴戾恣睢，喪盡天良，還擅自擁立新帝，一時之間，把朝野上下整得烏煙瘴氣，天下百姓也都怨聲載道，並最終導致了東漢王朝的衰敗直至滅亡。

　　梁冀在任職河南尹的時候，囂張蠻橫，欺壓百姓；肆意妄為，飲酒作樂，不理政事，營私舞弊，致使百姓憤怒無比。當時很多官吏都因為害怕梁冀的權勢，心中雖然怨恨但是也不敢說什麼。時間長久以後，梁冀膽子變得更大，更加目無王法，有恃無恐，肆無忌憚，明目張膽。而洛陽的縣令呂放，則是梁冀父親的得意門生，經常去梁家做客，在梁家很是受到賞識。有一次，呂放實在看不下去梁冀的這種行為，便很委婉地將梁冀的不法行為告訴了梁商。梁冀被自己的父親狠狠地訓斥了一頓後，心裡非常憤怒。一個小小的洛陽縣令，竟然膽敢將自己這個河南尹的劣行告訴了梁商，這讓梁冀不能容下，於是便起了殺死呂放的念頭。於是，他在呂放回家的途中設下了埋伏，將呂放刺死。為了瞞住自己的父親，也不讓其它人知道，他還有意讓人到處

散播呂放遭仇人暗算的謠言，並且還假惺惺地表示同情。不僅如此，為了進一步表示自己是「清白」的，還特意力保呂放的弟弟做了洛陽縣令的這個職位，不僅讓呂放的家人無話可說，又把這一事件順利轉移，打消了梁商對此事的疑慮，從此事也可以看出他是一個陰險狡詐之徒！

梁冀從來不把國法放在眼裡，每天沉浸在酒色中，強行霸佔百姓的耕地和林地，把這些爭搶過來的土地作為自己的遊樂場所。他還在附近大興土木，修建一個專門餵養兔子的苑子，規模達到幾十里地，在裡面種植花草，還將外面的河水引進來，就是為了在無聊的時候，用打獵小兔子來打發時間。他還命人從全國各地引進不同種類的兔子，在兔苑餵養。甚至為了防止小兔子走失或者是被別人獵取，還故意在兔子的身上作他的記號，不能讓任何人招惹他的兔子。一旦有人違反了他的規定，梁冀就不會輕饒，重者會讓百姓以命賠償。

西元一四四年，漢順帝死後，梁氏家族不顧民意，自行做主，扶植劉炳登基為帝，為漢沖帝，而劉炳年僅兩歲，梁冀的姑姑為太后。緊接著，梁太后任命李固為太尉，而梁冀則是參錄尚書事。這個決定就意味著，朝中政事，只需梁冀的一句話便可。誰知道劉炳命薄，在登基的第二年便乘鶴歸西了。在皇帝人選這個問題上，梁冀與李固兩人的意見相左。李固為了防止外戚專權，主張選一位年齡大、明辨是非的劉氏子弟為皇帝，所以他的推薦人選是當時的清河王劉蒜。李固把原因告訴梁冀以後，梁冀對此事非常不滿，但還是表面上隨便應和了幾句。心裡卻暗自思量，如果真是按照李固的想法選出新皇帝，那麼他梁冀在朝中的位置也就岌岌可危了。

於是，他不顧旁人反對，選擇了只有八歲的劉纘當上了皇帝，劉纘就是漢質帝，但朝政事物還是掌握在梁冀的手中。但是，時間一長，小皇帝對於梁冀的做法也開始不滿意。有一次，在朝中大臣的面

前，小皇帝卻說漏了嘴，他和百官閒聊時沒有注意便指著梁冀說道：
「這就是一個囂張跋扈的將軍。」梁冀聽了之後，怒氣衝天，臉色也
是十分難看。隨後，梁冀喪心病狂派人將毒藥放到了小皇帝的食物
裡，給漢質帝吃。沒過多久，漢質帝便感覺自己肚子比較疼，覺察出
不對勁兒，便想要喝水。但是梁冀卻害怕事情敗露，自己地位不保，
便極力勸阻小皇帝，不讓他喝水說：「不可以喝水！喝水會吐的！」
在大臣和梁冀的爭執之間，可憐的小皇帝錯失了治癒的好時機，最
後，只能是無藥可治，就這樣活活被梁冀毒死。

　　一連幾年之內，被扶植的小皇帝接連不斷地死於非命，而最根本
的原因卻成了未解之謎。以李固為首的朝中的賢良們，對此憂心如
焚。決定聯合扶持清河王劉蒜登基為皇帝。對於這件事情，梁冀記恨
在心，正好借助大會公卿的時候，大做文章，指桑罵槐，面色兇殘，
殺機四起。很多大臣膽戰心驚，再也不敢說出違背梁冀的話語，都高
聲直呼「凡事大將軍做主就好！」只有李固還是堅持自己的想法，威
武不屈，還是冒死進諫，立劉蒜為帝。梁冀便再也容不下李固了。他
說服梁太后，將李固的官職廢去，除去自己的心頭大患。到後來，朝
中大臣因畏懼梁冀的權威都不敢妄自評論，梁冀也按著自己的心思把
自己的妹夫劉志扶上帝位，史稱漢桓帝。一時之間，梁冀的權勢達到
了最頂峰，可謂是隻手遮天。

　　梁冀的權力擴大後，他的貪念也隨之膨脹。為了搜刮錢財，他派
人以漢桓帝的名義，到全國各地統計富足人家的財產，將他們的名
字、家庭位址和資產情況等詳細地寫在一個小冊子上。隨後，又費盡
心機，給這些富人安上「莫須有」的罪名，打入監牢，受盡折磨。有
些人因受不了這種拷打而用自己的財寶換自己的性命。而有一些人的
家產還不夠梁冀的巨額贖款金，則是被發配邊疆，弄得一個個家庭支
離破碎，家破人亡。而還有一些人生性就是一個吝嗇鬼，惜財如命，

不肯交出財產，經不起嚴刑拷打，就這樣在獄中葬送了生命，最後還是被梁冀霸佔了他們的萬貫家產。

梁冀的這種狼心狗肺的斂財方式，就連當時的皇上漢桓帝都敢怒不敢言，更何況是無權無勢的老百姓呢，也只能忍氣吞聲了。從此以後，梁冀便仗著自己位高權重，變得更加目中無人，到處作威作福，每天昏天暗地的醉生夢死。為了自己的一己私欲，梁冀還暗地裡在西城建了一處宅院，專門偷蒙拐騙一些美女，幹出禽獸不如的勾當。哪怕是漢順帝曾經最寵愛的妃子友通期，也沒有躲過，梁冀偷偷地讓人把她整到自己的城西秘宅中，和她在一起鬼混了很長時間，簡直是罪該萬死。而梁冀的老婆孫壽看著自己的丈夫花天酒地，自己也不甘寂寞，學著梁冀的樣子也開始廣建樓房，用上好的材料，建造出一座座金碧輝煌樓房，每天在樓裡輕歌曼舞，屋子裡面烏煙瘴氣，她的這種做法一時震驚京都。

對於這件事，漢桓帝早就聽說過，但是也沒有多加制止。到了西元一五八年，天上有日食和月食出現，當時的太史令陳授便借助這個自然現象，諷刺梁冀的荒唐行為和暴虐的獸行，是天地不容的。這個消息傳到了梁冀的耳朵裡，他惱羞成怒，立刻派人將陳授抓進監牢，活活將他打死在獄中。這個舉動讓漢桓帝非常震驚，準備徹查此事，其它大臣對梁冀早就不滿，就紛紛上奏皇上處置梁冀，這也使得漢桓帝下定了決心。再加之梁冀竟然不把漢桓帝放在眼裡，不顧倫理道德，非得讓桓帝的寵妃當他的乾女兒，甚至要讓這位寵妃改姓梁。漢桓帝頓時怒髮衝冠，認為梁冀實在是膽大包天，竟然把主意打到他的身上。這兩件事情讓漢桓帝認為梁冀非除不可。

於是，漢桓帝把朝中大臣聚集到殿前，把自己的決定和事情的緣由告訴了他們。還派了大量的士兵守住皇宮內院，以防不測；隨後又讓黃門令具瑗帶著一千多精兵把梁冀的府上團團圍住，防止他逃跑；

又派遣光祿勳袁盱拿著漢桓帝的符節收回大將軍印，直到這個時候，梁冀才知道自己將要大禍臨頭，頓時嚇得魂飛魄散，狼狽不堪，也知道自己性命難保，便在府中和妻子雙雙服藥自殺。到後來，有人清算梁家財產的時候，竟然達三十多億，這比一年賦稅的一半還要多，真是讓人瞠目結舌。從此以後，梁冀這個臭名昭著的十惡不赦之人便被牢牢釘在了歷史的恥辱柱上。

奇才巨匠代代稱頌

卓有文才的司馬相如

　　司馬相如在少年時代就非常喜歡讀書練劍，二十多歲的他就被漢景帝看重，做了他的武騎常侍，但是這所有的一切並非是他所喜歡的，因此他常常感慨自己不能遇到知音。漢景帝不喜歡辭賦，直到梁孝王劉武來朝進諫時，司馬相如才遇到了鄒陽、枚乘、莊忌等歷史上有名的辭賦大家並得以和他們結交。後來他因病辭退了自己的官職，前往梁地投奔這些志趣相投的朋友，希望和他們一起共事，也就是在那時，誕生了歷史上那篇著名的〈子虛賦〉，那是他臨走前寫給梁王的。

　　梁王劉武去世以後，司馬相如就辭官回鄉離開了梁地，但是當時他的生活非常清貧。他家鄉的臨邛令王吉與司馬相如關係非常好，經常邀請司馬相如去他那裡做客，於是司馬相如就在臨邛的都亭住了下來，王吉就天天趕來拜訪司馬相如，他常常推託自己有病而不見客，王吉因此對他顯得更加恭敬。

　　臨邛有一個富人叫卓王孫聽說縣令有一個知識淵博的貴客，於是就擺好酒宴希望能夠結交司馬相如。因為王吉親自去請他，司馬相如不好意思推託，只好去吃這頓飯。在席間，相如表演了一曲〈鳳求凰〉為大家喝酒助興，沒想到就是這首曲子打動了卓王孫的女兒卓文君。卓文君因為聽到了琴聲就透過門縫想偷偷地看一下彈琴的人，於是她情不自禁地就被司馬相如超凡脫俗的風度和才情所吸引，立即對他產生了敬慕之情。同時司馬相如也無意中看到了這個偷望他的人，並為卓文君的溫婉爾雅的儀態所傾倒，兩個人頓時都產生了愛慕之情。後來司馬相如通過卓文君的丫鬟向她表達了自己的心意，於是卓文君連夜和司馬相如私奔到了成都。但是當時司馬相如一貧如洗，家

徒四壁。後來他只好隨卓文君又回到了臨邛。他們把自己的車馬賣掉得到了一些本錢，於是就在當地開了一家酒店。卓文君掌管賣酒；而司馬相如就整天繫著圍裙，在店裡做一些洗滌杯盤瓦器的工作。卓王孫為了女兒的事情非常生氣，覺得沒有臉面見人。並且在卓文君與司馬相如私奔以後，卓王孫已經放出話來，不會給這個女兒留一分錢。但是看到他們生活如此窮困也為他們心疼，後來經人勸說，他原諒了卓文君，並且給他們送去了好多錢財和侍婢，從此卓文君和司馬相如又回到了成都，過著富裕的生活。

　　就這樣過了很久，漢景帝去世，劉徹繼位，史稱漢武帝。當漢武帝第一次看到〈子虛賦〉的時候就覺得非常喜歡，他以為那是古人的一篇作品，一直歎息自己沒有和這篇賦的作者生在同一時期。後來恰巧為漢武帝養狗的一個奴才聽到漢武帝這樣的慨歎，告訴漢武帝這篇賦的作者就是他的同鄉司馬相如。漢武帝立刻召見了司馬相如。司馬相如受到了漢武帝的賞識，他對漢武帝表示自己還可以做出更好的辭賦。這就是後來產生的那篇〈上林賦〉。〈上林賦〉在內容上與〈子虛賦〉是上下承接的，他們不僅內容互相銜接，而且〈上林賦〉的文字辭藻也都比〈子虛賦〉更勝一籌。它假託人物形象，以問答為主要表象方式，放手大膽地鋪寫，以努力維護國家統一、反對帝王將相的驕奢淫逸為主旨，歌頌了統一帝國無不讚頌的大國聲威，這篇賦不僅對最高統治者提出了自己的諷諫思想，還開創了漢代詩詞的一個新文體，成為大賦興起的一個開端。司馬相如一做出這篇賦，就立即被漢武帝封為了郎官。

　　建元六年的時候，正好趕上唐蒙接受掠取和開通夜郎以及其它西面僰中的命令，於是他大肆徵發上千名巴、蜀二郡的官吏和士卒，西郡也為他徵調了陸路及水上的運輸人員一萬多人。他又利用作戰時候才用到的法規殺了當時的大帥，巴、蜀兩地的百姓對他的做法大為震

驚和恐懼。皇上聽說了這樣的情況，就派司馬相如前去責備唐蒙，並且趁機告訴巴、蜀兩地的百姓，唐蒙的所作所為並不是奉了皇上的命令。司馬相如在那兒發佈了一張〈諭巴蜀檄〉的公告，同時，採取恩威並施的手段，並且也收到了良好的效果。

司馬相如完成了自己的出使使命，回京城向漢武帝彙報了那裡的情況。這時候唐蒙已經掠取並開通了夜郎，而且還要趁機開通西南夷的道路，於是就大量徵發了巴、蜀、廣漢的士卒，大概有數萬人參加築路。可是這條路修了兩年多，都沒有成功，徵用的士卒也大量死亡，耗費的錢財也多得不計其數。蜀地的民眾當時在朝中為官的人大多也不同意這種做法。

這時候，邛、筰的君長聽說南夷的道路已經開通，可以方便和漢朝互相往來，而且還可以得到很多的賞賜，因此大多數的人都想通過這種方法做漢朝的臣僕，希望能夠得到南夷那樣的待遇，請求漢朝朝廷能夠封他們做官。漢武帝因此事詢問司馬相如的意見，他說：「邛（音：瓊）筰（音：昨）、冉、駹（音：忙）斯榆等離蜀地都比較近，開通道路的計劃也比較容易實施。而且早在秦朝的時候在這個地方就已經設立了郡縣，這項制度到漢朝建國時才得以廢除。如今如果能夠真的將道路重新開通，再次設置郡縣來進行管轄的話，那麼他的價值一定會超過南夷。」漢武帝認為司馬相如的分析很對，就任命他以中郎將的身份，持節出使。

於是，司馬相如帶領著副使王然於、壺充國、呂越等幾個人，乘坐由皇帝賞賜的專車前往巴蜀。他希望能夠憑藉著巴、蜀的官吏和他們所擁有的財物去籠絡西南夷。等司馬相如到達了蜀郡的時候，蜀郡的太守及其它的下屬官員全部都到郊界上去迎接，就連當時蜀郡的縣令都親自背負著弓箭在前面開路，這樣的榮耀讓蜀地的人都感動光榮。

　　於是原來看不起司馬相如的卓王孫與其它臨邛的父老也都憑藉著與司馬相如的各種關係來到了他的門下，他們獻上自己帶的牛和酒，圍坐在一起與相如暢敘歡樂之情。這時候的卓王孫也開始感歎並且對司馬相如極盡討好，嫌自己沒能夠早一點把女兒嫁給司馬相如，隨即又把一份豐厚的財物送給了卓文君，使她與卓王孫的兒子所分到的財產均等。

　　司馬相如順便平定了西南夷。並且邛、筰、冉、駹、斯榆等各郡的君長都想成為漢朝臣子而積極上書請求。於是漢朝拆除了原來在這裡設立的關隘，使邊關擴大了許多，西邊一直到達了沫水和若水一帶，南邊也到達了牂（音：髒）柯，漢朝以此為邊界，又將靈關道開通了，在孫水上建了橋，使得這條路一直通到了邛、筰。司馬相如回京之後將這些情況報告給皇上，皇上聽了非常高興。於是他又做了一篇以解答問題為內容形式的〈難蜀父老〉，這讓篇賦在內容上闡明了漢朝和少數民族應該如何相處的道理，它的文風蒼勁優美，內容條理清晰，說理透徹，成功地說服了眾人和漢朝皇帝，使少數民族能夠與漢朝朝廷合作，這為國家開發西南邊疆地區作出了重大的貢獻。可惜這件事情之後，沒過多久就有人告發他接受賄賂，於是他被漢武帝罷免了官職，回了家。幾年之後，司馬相如又重新被朝廷啟用，仍讓做郎官。

　　司馬相如從小就有口吃的毛病，但是他卻善於寫文章。雖然開始他家境困難，但是當他同卓文君結婚後，因為卓王孫的關係，他過上了富足的生活。在他擔任官職的期間，從不追慕官爵，也不太願意向其它王公大臣一樣聚在一起商討國家大事，他常常戒托自己身患糖尿病，在家賦閒。不過，司馬相如的才華真的可以算是無人可以比擬的。他也充分利用自己的才華對皇上的一些做法進行了勸諫。曾經有一次，漢武帝帶著他到長楊宮去打獵。這時候的漢武帝非常喜歡擊殺

熊和豬之類的兇猛動物，也喜歡騎著馬追逐林子裡的野獸，司馬相如覺得皇上的這種做法不是很好，於是就上書對他進行勸諫，漢武帝認為他的意見是正確的，就放棄了對這些動物的追殺。不但如此，司馬相如還曾經向漢武帝獻過一篇以反思秦二世行事的過失為主旨的賦，以此來勸誡漢武帝不能實施暴政。

再後來司馬相如被授官做了漢文帝的陵園令。因為漢武帝經常讚美子虛之事，所以司馬相如看出了漢武帝喜愛仙道的心思，於是趁機就告訴漢武帝上林之事根本不是人世間最美好，還有比這更美麗的事情，告訴漢武帝他曾經寫過一篇〈大人賦〉，還沒有終稿，他請求皇上寫完以後能夠先給皇上，皇上同意了。司馬相如認為傳說中的那些僊人們應該是居住在山林和沼澤之間，他將他們的形體容貌形容得特別清瘦，這才應該是帝王心意當中的僊人，就這樣他的〈大人賦〉就完成了。

元狩五年的時候，司馬相如因自己身體有病而辭官回家，住在了茂陵。當時的天子派所忠前往茂陵，找到司馬相如，要求他把自己的書全部放在皇宮之中，以免以後散失了。當所忠到達茂陵的時候，司馬相如已經去世了，可是在司馬相如的家裡並沒有發現書。詢問了他的妻子才知道司馬相如很受歡迎，每當他寫完一部作品，立即就會有人來把它取走，所以家中從來留不下書。但是，在司馬相如還沒死的時候，確實寫過一卷書，並且交代妻子如果皇上派人來取書，就把它進獻給皇上。所忠帶著找到的這卷書回京覆命。漢武帝看完了這本有關封禪的事的書，感到非常驚異。

司馬相如的一生就這樣過去了，他給世人留下的就是那一部部驚世駭俗的著作和他與卓文君為愛堅持的不朽佳話。

董仲舒獨尊儒術

　　董仲舒出生於一個地主階級家庭，在他出生後不久，漢王朝就將秦朝頒佈的私藏詩書滅門的法令廢除了。一時間，又掀起了埋頭鑽研先秦諸子學說的風尚。董仲舒家有很多藏書，因此在他很小的時候就開始研究儒家學說。他始終保持刻苦、專心學習的精神。當時在他書房外面有一個雅致的小園子，在那個貪玩的年紀，他竟然三年在屋裡讀書，從沒進過園子，還有對於他自己騎的馬，他也分不出雌雄。他喜歡讀書，尤其是經書，對它的鑽研近乎達到了如癡如醉的地步。許多經傳著作他都有研究，尤其是《公羊春秋》，在他二十幾歲的時候，就已經成為研究《春秋》的學者。

　　他對於《春秋》頗有建樹的研究，使其到三十歲時就成了當地有名的學者，但他沒有步入仕途，而是開始教書。在當時人們就已經稱他為「漢代的孔子」。他招收了大批的學生，開始宣揚儒家的經典，傳播他自己的思想，他崇尚學者應該懂得仁義的道理。在他的思想的影響下，很多人都非常信奉儒家思想。由於董仲舒廣泛宣揚他的學說，也使得他的聲譽逐漸擴大，以至讓當時封建社會的最高統治者漢景帝也知道了他的特長。於是，他被封為了博士，這也成為他步入統治階級最頂層的第一步，為他以後宣揚自己的學說並對歷代皇帝產生重大影響打下了基礎。但是，漢景帝在位時社會相對還比較安定，處於休養生息的階段。當時的統治者崇尚「無為而治」的思想，對於他宣傳的「大一統」的思想並沒有多大的興趣。因此，他雖然做了博士，但他的儒家學說並沒有引起皇帝的重視，所以在很長的一段時間裡，他都感到無事可做，後來他就把大部分的精力放在了從事研究儒家思想和講學上。

在董仲舒將近四十歲的時候，他的政治地位不僅得到了鞏固，而且也有了自己的政治理想。他認為如果能夠使富人顯示出自己的尊貴卻並不顯示出驕奢，窮人不必再為養活自己而擔心，那麼這樣的國家才能成為和諧安定的國家。他還認為，要想實現這一理想，關鍵是將漢王朝的統一局面進行鞏固。而為實現政治的統一，就必須先在思想上實現統一。這便成為他以後宣導「罷黜百家」的思想的出發點。同時，在他看來，要想實現統一的局面，就不能捨棄中央集權，因此皇帝就成為了他推崇的中央集權的代表人物，這也成為了他政治主張的中心。

當他的思想日趨成熟的時候，此時的西漢王朝也改變了原來的穩定局面，發生著劇烈的變化。在西元前一五四年，漢景帝平叛了「七國之亂」，然後就開始加強鞏固中央集權。西元前一四〇年，劉徹繼位，成為歷史上有名的漢武帝。這時候的西漢王朝平叛了內部的諸侯藩王的戰亂，對外也開始還擊北方少數民族匈奴的侵擾。封建統治的勢力正處於上升時期，統治者摒棄了原來「無為而治」的思想，取而代之是希望能夠有所建樹的「有為思想」。而影響日益強大的儒家思想則因其一貫主張統一、仁義和五倫等，順理成章地成為了當時統治思想的最佳選擇，董仲舒作為「群儒之首」，其政治地位逐步穩固起來，與皇帝接觸的機會也隨之增多，自然能夠影響統治者將國家統一與儒學主張相結合。為了順應歷史的發展要求，董仲舒以及他宣導的儒家思想就被推了出來，使其登上了人生中的頂峰。

漢武帝是中國歷史上一位很有作為的皇帝，他具有有作為皇帝應該具備的雄才大略，又有接受別人意見的胸襟。當匈奴頻繁騷擾西漢邊境的時候，漢武帝不想再像原來一樣退讓，因為此時的西漢王朝已經有了抵禦匈奴的實力。當他把內憂外患都平叛以後，就想進一步加強自己的中央集權，所以此時的西漢統治就迫切需要一個符合統治階

級意願的理論和思想基礎。於是，在他剛剛繼位，就下令推選「賢良有才幹的飽學之士」，然後把這些人全部召集起來，由他親自出題考試，選拔人才。這次考試考的都是具有綱領性的問題。除此之外，漢武帝還提出了三個小問題，為的是要找到加強皇權統治的理論根據。皇帝問的這些問題恰好早已都被董仲舒深入研究過，所以他在回答時更是把自然的發展變化和當時的時事融合在一起，把皇權的統治和天的意志相結合，把統治者的一切意志都說成是理所當然。

隨後他還將自己的一系列治國主張提了出來。他的這番話對漢武帝產生了很大的影響。後來，他還建議漢武帝用儒家思想來統治國家，廣設學堂，教化萬民，使儒家思想深入人心，這樣才能避免犯上作亂的現象。

漢武帝聽完董仲舒的回答，異常高興，他覺得自己終於找到了適合自己統治的思想基礎，因此立即對他委以重任。四十多歲的董仲舒終於當上了江都王劉易的國相，離開了自己當了好幾年的「博士」之位。董仲舒當上丞相後，十餘年間很有成績，潛心研究為官治國之道，但後來他在思想和學說方面並沒有太多新的建樹。劉易是漢武帝的兄長，他一貫爭勇好勝，野心很大。他很欣賞董仲舒的才能，並且也稱讚其就像春秋時的管仲，對輔佐王霸很有幫助。言下之意就是希望董仲能夠幫助自己成就霸業。但是一介鴻儒的董仲舒在政治上沒有野心，一直用仁義禮教來扶持劉易治國。最終使得劉易放棄了對他的希望，而且對他更加敬重。

儘管董仲舒很有自己的思想，但他在政治上並沒有很大的成就。他在江都當了九年丞相，沒有太多出色的措施。但是，他卻提出了著名的「人副天數」。董仲舒認為，天有「十端」，而「天道之大者在陰陽」。天地正是通過陰陽四時的運行，化生、養成了萬物和人類，且「事功無已，終而復始。」

正是據此，董仲舒列舉了許多人參天地的現象：人身之首頒而呈圓形，像天之容貌；人身之頭髮，如天上散佈之星辰；人之耳目「戾戾」靈光，有似日月輝明；鼻口吸呼，賽似風氣出入孔竅之流蕩；人心胸通達之知，像天之神明普察；人的腹、胞實虛錯代，亦如百物之生生流變；足平布而方者，像地之形。人身以腰為帶，分而為上下；腰以上者，乃「精神尊嚴」之所在，類天之情狀；腰以下者，為「豐厚卑辱」之位，即壞土之喻；故帶以上者盡為陽，帶以下者盡為陰，陽陰各有其分，不得變動；否則，使陽陰錯位，人足病而喉痹起，其壽命則危矣，這就如同地氣上升，則必有雲雨之象應之。

董仲舒的〈人副天數〉所採用的，可以說是一種「以類合」、「以數偶」但是「無類類比」的方法，牽強附會地將人與天予以比附，從而把本來是與天非同類的人，歸結為與天同類者，山此得山了人與天相副和天人合一思想，這樣便為他以「同類相動」為理論依據，進而論述其著名的「天人感應」論，作了理論上的準備。他還以《春秋》為依據，大力推崇陰陽之道，經常搞一些祈雨求神的事，也沒有任何成效。不久，他推崇的這套神學為他招致了殺身之禍。最後雖沒有被殺，卻丟掉了丞相一職，被貶為中大夫。

西元前一三五年，西漢王朝的王陵先後發生了大火災。董仲舒將此事說成是上天發怒了，譴責告誡人間 「殺骨肉大臣」，為此在家中起草了一封奏章。還沒來得及呈奏給皇帝，中大夫主父偃去拜見董仲舒時，偷偷看到了董仲舒的這篇奏章。因主父偃對董仲舒的才幹一向妒忌，於是就偷走了這篇奏章，並將其呈獻給了漢武帝。漢武帝看完後便立即下旨將董仲舒問罪，甚至還要把他處死。

幸虧董仲舒因自己的才華享有盛譽，再加上朝中大臣極力為他求情。等漢武帝怒氣消了以後，也覺得不能殺掉這個「群儒之首」，於是便下詔赦免了他的死罪。這次禍事之後，董仲舒又開始了十年的教

書生涯。十年後，由於公孫弘的推薦，他再一次走上了仕途，當上了膠西王劉瑞的國相。事實上，公孫弘並不是想真心幫助董仲舒，他只是嫉妒董仲舒的才華，而且在為官上，董仲舒一直看不起他，所以公孫弘想借膠西王之手為自己除掉董仲舒。

在膠西任職的幾年裡，董仲舒凡事都能以身作則，清正廉潔，體恤下屬，推行教化，使當地百姓安居樂業，所以在膠西的幾年他還是頗有政績的。西元前一二一年，五十八歲的他稱病辭官，結束了仕途生涯。

董仲舒辭官回鄉之後潛心著書立說，不問家居雜事，六十多歲的他還是那樣勤奮刻苦，終於寫成了十七卷八十二篇《春秋繁露》。西元前一〇四年，在他寫完《春秋繁露》最後一章後，便因病離開了人世，享年七十五歲，被葬於長安的西郊。

司馬遷與「史家絕唱」《史記》

　　約西元前一四五年，司馬遷含著金湯匙出生了，他的家庭世代為官。司馬遷的父親司馬談就任武帝的史官。在司馬遷出生的時候，父親司馬談還沒有做官，一直在龍門附近的一個農村裡過著艱苦樸素的生活。

　　司馬談對兒子司馬遷抱有很大的期望，在司馬遷小時候，他的課程一直是由父親教授的。幼年的司馬遷乖巧懂事，聰明伶俐，而且每一次放牛的時候，父親都要他帶著一冊竹簡在身邊，也總會囑咐他：「不要太貪玩，昨天晚上教你寫的字，一定要記牢！」這時候，司馬遷總是會一手握著牛繩，然後把竹簡往牛背上一放，然後朝父親笑一笑。

　　每當司馬遷一個人時，他就一邊看著牛吃草，一邊拿著樹枝在地上反覆練習父親教給他的字。有時候也碰到有小夥伴兒湊在一塊，他就和小朋友們一起鬧著玩。小夥伴們不管比他大還是小，都跟司馬遷玩得很愉快，從來都不覺得這個在牛背上掛著竹簡的同伴，有什麼奇怪的地方，倒是很佩服他能夠認得也會寫好多好看而有趣的字出來。司馬遷看著被穩穩地放在牛背上的竹簡，這些竹簡在陽光照射之下，閃著金光，他不禁想起父親在農耕之餘，還要日夜教自己讀書寫字，夜以繼日雕刻這些竹簡，想到這些，司馬遷甚是傷心，他知道父親為了自己付出太多了。為了不負父親的期望，他一定要更加努力才行。於是，在玩的時候，他就和小朋友盡情地玩；當練字的時候，他便靜下心來，認真、專心致志地練，一遍又一遍，直到把字深深地記在腦子裡。

　　約西元前一三五年，司馬遷跟隨父親司馬談來到長安做「太史

令」。司馬談是一個清正廉潔的官員，雖然僅僅是一個史官，但他對自己的官職抱有崇高的理想和期望，對歷史論著也懷抱著宏偉的願望，並希望他唯一的兒子司馬遷可以成為他的接班人，繼承並將祖業發揚光大。司馬遷十歲的時候就可以寫詩頌詞，而且司馬談對兒子的期望遠遠不止這些，他還求得當時全國最有名望的儒學大師孔安國與董仲舒來為兒子上課。終於皇天不負有心人，年紀輕輕的司馬遷就已經是儀表堂堂，文學味十足，他深厚的文學底蘊就連老師都自歎不如。

在司馬遷二十歲的時候，朝廷發生了一件大事：博望侯張騫出使西域而且成功地返回了，促進了大漢和西域兩地的文化交流和發展。司馬遷和父親司馬談都感覺到，博望侯的回國將可能改變中國人一直以來唯我獨尊的封建觀念，知道天下並不是只有大漢朝，同時還有那麼多國家圍繞在大漢的邊境，他們也是有文明、有文化的國度，不全是大漢人口裡的蠻夷野人！司馬談覺得兒子已經成年，正是需要磨煉的時候，他深思熟慮了一番之後，決定派兒子出去周遊各地，增長自身的學識和閱歷。恰巧這時候司馬遷也同樣是滿懷理想，正打算到各地去走走，對各地的歷史遺跡進行考察和審核。經過幾年的時間，司馬遷遊歷了祖國的許多地方，觀看並記載了各個地方不同的風俗，也考察了不少勝景遺跡，瞭解了許多歷史名人的故事。這些經歷不僅使他開闊了自己的眼界，拓展了胸襟，而且培養了他的愛國之情。

大約在西元前一二二年到西元前一一六年期間，司馬遷回到長安，考上郎官，從此就一直伴在皇帝身邊。在這段時間，他親眼目睹了官僚之間的鉤心鬥角，昏庸無度以及封建統治殘暴的真相。

西元前一一〇年，司馬談逝世，臨死之前語重心長對兒子說：「我死了以後，你一定要繼承我的衣缽，完成我的意願，接著做『太史令』，國家越來越富強，有很多史料需要一一記載，而我已經不能

夠完成修改和訂正史書的願望了，接下來就看你了。」司馬遷失聲痛哭，急忙點頭答應並堅定地說：「我雖然沒什麼才能，但是我一定會不辜負您的囑託，一定完成您的遺願。」聽到兒子這樣說，老人家這才安心閉上了眼睛。

西元前一〇八年的時候，司馬遷遵從父願，做了「太史令」。作了太史令的司馬遷，夜以繼日地投身於工作中，整理並審讀漢宮中收藏的一些寶貴書籍及資料。但是這是一項十分艱巨的工作，因為所有的書籍都雜亂地堆放在一起，有些根本就沒有目錄，司馬遷的工作量就變得更大了，他必須耐心通讀它們，然後一點點地尋找線索再進行考證。司馬遷花費了好幾年的時間，每天一睜開眼就開始整理、考證史料。這份工作幾乎把他的全部心血都耗盡了。一直到西元前一〇四年的時候，那時他已經四十一歲，《史記》也是在這一年才開始寫的，一寫就是五年。

西元前九十九年的「李陵事件」徹徹底底地改變了司馬遷原本的生活。故事是這樣的：李陵將軍，十大將軍李廣的孫子，他奉旨進攻匈奴，因為敵眾我寡，力量懸殊，又因為李廣將軍貪生怕死，延誤了支持的時間，後來箭盡糧絕不幸被俘。雖然司馬遷平日和李陵將軍並無深交，但是他仗義執言，忠言逆耳，冒險覲見漢武帝，說李陵兵敗被俘，但是他用五千人的兵力殺死敵軍兩萬多人按道理來說是有功的，李陵可以說是雖敗猶勝；相反，李廣利將軍雖然擁有三十萬人的兵力，卻只殺敵一萬多人，這樣還不夠，他甚至使十八萬多名將士喪失了性命，實際上是雖勝猶敗，按理說李廣利將軍應該為輕敵不盡責受到應有的懲罰。因為李廣利是漢武帝的大舅哥，所以漢武帝有意偏袒，假公濟私，以觸犯龍顏這「莫須有」的罪名，無故降罪於司馬遷。因為司馬遷的坦然覲見，直言不諱，被關進了監獄，受盡了折磨，刑部以誣衊皇帝的罪名將司馬遷判處死刑。

　　定罪之後，司馬遷自知難逃一死，就更加夜以繼日地在監牢裡撰寫《史記》。他為了不負父親的重望，直到晚上也還是不休息，沒命地揮著刻刀在竹簡上拼命地刻著，怕對不起自己的父親，怕對不起英雄豪傑，怕他死後再也沒有人會把他們的事蹟記錄下來流傳後世！司馬遷為了盡快寫完《史記》，他的手結了繭，繭磨破了，鮮紅的血液流出來，然後再結繭，再破，也不知道這樣破了多少次，就連那簡冊上也染得血跡斑斑。司馬遷知道自己的日子不多了。當他正在為沒辦法完成父親的願望而傷心欲絕的時候，漢武帝下詔，頒佈了一條赦免令：判了死刑還想要活命的人，可以拿五十萬錢贖身，或者是接受「腐刑」之苦。司馬遷沒錢為自己贖身，但是受「腐刑」之辱，還不如死了來得乾淨！到底是死還是接受「腐刑」？司馬遷內心做著激烈的抗爭。想到《史記》還沒有完成，他決定活下來，不管怎樣都要忍辱負重，臥薪嚐膽，一定要把《史記》寫完。他在心裡狠狠地念道：「我司馬遷一定要讓所有人都知道，雖然我在身體上可以承受污辱，但我的靈魂絕不可以受辱，我要活著用《史記》來證明，我的意志可以抗拒所有的侮辱。」司馬遷接受「腐刑」後，漢武帝任命他為中書令，替皇帝管理官員的文書。這樣一來，更便利了他對皇宮進行觀察，這使他可以在《史記》裡尖銳而且深刻地揭露出封建統治者殘忍的一面，揭示封建統治的黑暗和醜惡。他不管是嚴冬還是酷暑，終日沉溺在閱讀和史料的整理中，細心地鑽研每個歷史事件和細節，每一個地點、年代都要認真考察，從不敢有一點馬虎，每一句話，每一個字都要精心選擇，再三考慮，反覆推敲，試了又試，這樣來來回回不知道多少次。

　　皇天不負苦心人，西元前一九三年，司馬遷完成了《史記》。司馬遷為《史記》耗費了十六年的心血，這本書充滿了他的血和淚，可以說是他用生命寫成的。

　　司馬遷擁有滿身的才情與抱負，少年時候的司馬遷，曾經把長安城當成自己的龍門，青、壯年的他，把宮廷當成自己的龍門，他也一直都在努力，在嘗試躍上龍門的那一刻，直到他父親死去的那一刻，他才真正意識到：其實《史記》才是他真正的龍門！在他付出慘痛代價，接受「腐刑」的時候，著完《史記》這部巨著是他的龍門。他終於登上了龍門。

　　在司馬遷五十九歲那一年，他悄悄地離開了家，從此沒了音訊。他的下落也成了歷史上的一個謎，然而司馬遷的事蹟和這本巨著《史記》廣為流傳，千古傳頌。

中國第一位女歷史學家班昭

　　班昭出生在一個書香世家，家學淵源，尤其擅長文采。她的父親班彪就是當時有名的史學家，班昭從小受到父親的影響，很早就熟讀詩書，她常常被召入皇宮，作為皇宮中后妃們的老師而教授她們誦讀經史。清代女作家趙傳稱讚她為「東觀續史，賦頌並嫻」。在班昭十四歲的時候就嫁給了同郡的曹世叔作妻子，所以後來人們又稱她為「曹大家」。早年的班昭生活幸福美滿，曹世叔性格活潑外向，而班昭則溫柔細膩，他們兩個人在日常的生活中頗能相互遷就，因此兩人一直都相敬如賓，生活甜蜜。但是好景不長，班昭的丈夫因故去世了，所以班昭也曾經一度抑鬱。

　　班昭是一個文采非凡的女性，她的文采首先就表現在能夠在她哥哥死後最終將《漢書》完成，這部書的完成，為中國古代的歷史文化又增添了輝煌的一筆。這部史書開創了中國紀傳體斷代史的先河，是中國歷史的正史寫得比較好的一部，它被人們稱讚為言賅事備，將它列為與《史記》齊名，這部著作共分紀、傳、表、志四大類。這部書的創作在班彪在世的時候就開始了，後來她的父親死後，哥哥班固就繼承父親的遺志繼續開展這一工作。班固也是一個文學大家，字孟堅，據說他九歲時就能夠寫作文章，等他稍微大一點的時候，就已經博覽群書，對於那些書中的精華他已經熟記於心。但是就在《漢書》快要被班固完成時，他卻因為竇憲一案受到了牽連，被抓進獄中，最後死在了裡面。班昭從悲傷中走了出來，她痛定思痛，毅然接過了父兄未完成的工作。

　　幸好班昭曾經跟隨哥哥參與了對這部著作的纂寫工作，後來她又得到了漢和帝的恩准，能夠有機會到東觀的藏書閣中去翻閱參考典

籍，所以這份工作做起來也比較得心應手。在班昭已經四十歲的時候，這部中國歷史中的巨著終於完成了。

班昭在世的時候，主要是漢和帝在位，漢和帝死後，小皇帝繼位，鄧太后就以女主的身份開始執政，這時候鄧太后對班昭非常賞識，尊稱她為師傅，並且她也得此機會參與國家的機要政事，她對此也竭盡心智地為國效忠。鄧太后對她也非常器重，遇到事情常常徵求她的意見。鄧騭是鄧太后的兄長，以大將軍的身份輔理軍國，朝廷對他非常倚重，後來鄧騭的母親過世，他向朝廷上書請求辭官回鄉為母親守孝，太后對這件事一直猶豫不決，拿不定主意，最後她向班昭請教該怎麼決斷，班昭告訴太后，鄧騭大將軍為東漢立下了大功，如果此時辭官，可謂是功成身退；如果繼續留在朝中的話，萬一有一天邊境又有禍患，這時候他作為大漢朝的將軍不得不帶兵出征，一旦稍有差池，那麼他辛苦立下的功勞和一世的英名，就全部付諸東流了。鄧太后認為也是她說得很對，於是批准了鄧騭的請求。

班昭活到七十多歲，在她死的時候，連皇太后都為她素服表示哀悼。班昭是中國古代一位博學多才，品德兼優的女性，在那個崇尚女子無才便是德的封建社會裡，她的才華是非常難能可貴，她是中國歷史上為數不多的一位史學家，同時也是一位為造詣極深的大家，同時也是一位受到當時統治者敬仰的政治家。她的丈夫雖然早逝，但是她在曹家有一個兒子，幾個女兒，她唯一的兒子叫曹成，字子谷。在漢和帝去世後，鄧太后臨朝聽政，因為班昭在朝中幫太后處理了不少政事，所以她的兒子曹成後來被封為了關內侯，官職等級與當時朝中的相國同等。後來班昭逝世以後，皇太后派使者為她監護喪事，並且親自為這個受人敬仰的老師穿素服表示哀悼，並且死後也為她加封了極高的榮譽。

後來《漢書》出版以後，得到了世人極高的評價，好多學者都爭

相傳誦。《漢書》中的第七表〈百官公卿表〉和第六志〈天文志〉是班昭在她哥哥死後獨立完成的，而這兩部分也恰好是《漢書》中最為棘手的部分。可是這兩部分的寫作，也成為了全書的精華，由此可以看出班昭在文學和歷史方面的造詣，讓世人不得不佩服這位中國古代歷史中的奇女子。但是班昭在完成這部巨著時，每次都會謙遜地冠上班固的名字。在當時班昭的學問精深是大家所共知的，相傳大學者馬融為了請求班昭的指導，曾經跪在東觀藏書閣外，洗耳聆聽班昭對於書籍的講解！班昭的一生有很多著作，除著一部《漢書》之外，還有賦，頌，銘，誄，哀辭，書，論等作品共十六篇，原有集三卷，但是大多都失傳了。僅存的有〈東徵賦〉一篇，被當時的昭明太子蕭統編入了《文選》一書，才得以保存了下來。還有一篇是〈幽通賦〉，這是一篇班昭為班固的著作做的注，被收錄在《文選》李善注中。

班昭這一生最主要的功績就是她繼承了父親班彪和兄長班固在世時沒有完成的事業，整理並完成了中國歷史上的一部鴻篇巨著《漢書》。《漢書》是對《史記》一書的接續，主要記載中國東漢時期的歷史事件和人物傳記，是中國歷史上第一部紀傳體斷代史，全書一共一百篇，一二〇卷。司馬遷編纂的《史記》，全書記事終止於西漢武帝大初年間，後來雖然曾經有人對其進行補寫，但是班彪認為大多都只是記錄了一些鄙俗的事情，文風也大多和《史記》不能相匹配，於是班彪就開始收集史料，希望補齊《史記》沒有涉及的部分。他開始撰寫《後傳》六十餘篇，但是沒有等到他完成就因病辭世了。班固為了幫父親完成遺願，開始整理他父親的遺稿，但是在整理中發現，書中所敘述的好多前面的歷史都不是很詳細，於是開始著手編寫一部從漢高祖創下基業開始的直到王莽覆亡的一段歷史，其中包括了西漢全部的歷史，取名為《漢書》。但是就在這部書即將完成的時候，班固卻被捕入獄，最後死在了獄中，而這部史書也就變得無人編纂了。幸

好漢和帝知道班昭雖然是女流之輩，但卻是一位博古通今、學識過人的巾幗奇才，於是立即下詔讓她和馬續到皇宮的東觀藏書閣繼續編著這部史書。班昭為了幫父兄完成生前的遺願，欣然奉召前往皇宮。她在藏書閣內經年累月孜孜不倦地查閱大量史籍，並對那些散亂的手稿進行整理、核實，並且在原稿的基礎上她又補寫了八表，分別為〈諸侯王表〉、〈異姓諸侯王表〉、〈高惠高后文功臣表〉、〈外戚恩澤侯表〉、〈景武昭宣元成功臣表〉、〈古今人表〉、〈百官公卿表〉和〈天文志〉。最終這部歷經四十年編撰的史書終於被完成了。雖然先後曾經有四個人對它著手編纂，但是由於每個人在開始工作之前都是先精研前人的文風和寫作方法，然後才開始撰寫，這使得這部書讀起來還是能給人一種文辭優美，連貫，前後一致的感覺。班昭除了在整理、續寫《漢書》所作的貢獻外，她對於傳播和普及《漢書》也頗有建樹。《漢書》完成以後，好多讀者都不能讀懂它其中的道理，於是她就開始教授當時的大儒馬融等人誦讀《漢書》，最終使得它能廣泛流傳下去。

　　班昭是中國歷史上的一顆光輝燦爛的明珠，在那「女子無才便是德」的封建制度中，班昭能夠衝破束縛，成為一個文學和史學才能兼備的大家，盡顯了巾幗風範。她能夠從失去親人的悲痛中毅然承擔起編纂《漢書》的工作，顯現的是她堅強的毅力和戰鬥力。

　　班昭，這位中國歷史上的奇女子，因其不朽的貢獻而名垂青史。

蔡倫與驚動世人的造紙術

　　提起蔡倫的出生，是一件非常平常的事情，跟那些歷代帝王將相出生時的異象沾不上一點兒邊。如果非得與他們拉上點關係的話，恐怕只有家境貧寒這麼一點兒，但是，這又是當時平民百姓的共同點。所以說，蔡倫的的確確是一個很普通的人。

　　由於出身貧苦，為了維持生計，他不得不在永平末年入宮做了太監。是呀，如果還有一點兒辦法的話，誰也不會願意進宮當太監的。剛進宮的時候，蔡倫只是一個小黃門，職位相當低。但是，由於他頭腦靈活，機敏多才，做事又特別謹慎，在西元八十九年漢和帝即位之後，便提升他做了中常侍，掌管文書，傳達詔令，並且，還能夠時常參與到國家的機密大事中來。後來，蔡倫又被提升為尚方令，負責皇室器皿的製造。尚方，說白了就是一個專門為朝廷生產御用品的機構。由於這個機構，資金雄厚，技術完備，為蔡倫提供了良好的研究環境。據相關史書記載，蔡倫監製的刀劍器械，那可是「莫不精工堅密」，引得世人爭相效仿。

　　其實，蔡倫在少年時代就非常喜歡研究造紙。雖然他曾經做過很多次的實驗，都沒有成功地製造出紙張來，但是，他卻對造紙所需原料與基本的工藝流程有了很深刻的瞭解。進宮之後，他見皇帝只能使用竹簡、木牘或者縑帛批閱奏章，而這些東西不是太笨重，就是成本太高，很難在民間普及，這更堅定了他造紙的決心。於是，他利用自己擔任尚方令的有利條件，繼續認真總結過去失敗的經驗，積極探索這一工藝的奧秘。功夫不負有心人。經過無數次的反覆試驗，蔡倫終於利用樹皮、麻頭、破布和舊漁網等作為造紙的原材料，造出了成本低廉、輕便易於攜帶的紙張。

　　他到底是怎麼做呢？首先，他將這些原材料切斷或者搗碎，然後將其放入水中長時間浸泡，最後再將這些東西搗成糊狀。根據一些史料記載，蔡倫當時還增加一道工序，那就是用石灰進行城液蒸煮。這樣一來，植物纖維便會加快分解並且分佈得更加均勻，煮完之後，將這些糊狀物平鋪在細密的席子上，待風乾之後就制出紙張來了。現在看起來，這個方法似乎並不太難，而且好像還很簡陋，但是，在當時卻是一項革命性的進步啊！

　　東漢元興元年，蔡倫將他製造出來的優質紙張進獻給了漢和帝，漢和帝一用，覺得很不錯，既輕薄又不透漏，對蔡倫大加讚揚，並且下令將其推行全國。漢安帝元初元年，蔡倫因為造紙有功，而被封為龍亭侯。百姓們便把他發明的這種紙叫做「蔡侯紙」。經過他的改良，紙張的品質有了大幅度的提高，成本也降低了很多，所以，這種紙張很快就在全國流傳開來了。

　　按常理來說，蔡倫為社會做出這樣大的貢獻，即使不榮華富貴一生，怎麼著也應該平安一生吧。然而，不幸的是，這位偉大的發明家最後卻成為了封建宮廷鬥爭的犧牲品。蔡倫進宮初期，跟隨著漢章帝。當時，竇皇后膝下沒有皇子，而宋貴人卻生下了皇子劉慶，並被立為太子。出於女人的嫉妒，竇皇后便開始想方設法陷害宋貴人，讓皇帝廢了劉慶這個太子。即使這樣，竇皇后仍然不甘休，她想要置宋貴人於死地，徹底消滅她的心頭大患。於是，她便命令蔡倫無中生有誣陷宋貴人。蔡倫官職低微，不敢不違抗，只得照做，逼得宋貴人自殺而死。但是，不巧的是，在後來的宮廷紛亂中，劉慶之子勝出，做了皇帝。漢安帝下令追查他祖母的死因，要將曾經陷害祖母的人全部法辦。已經在皇宮中打滾多年的蔡倫，深知這次自己可能在劫難逃，於是，他於西元一二一年沐浴更衣之後，鎮靜地服毒自盡了。

　　雖然蔡倫的結局有點「慘」，但是，這並不能影響他知名度。隨

著造紙術的推廣，蔡倫這個名字傳遍了全國乃至全世界。晉代時期，蔡倫的造紙術已經傳到了朝鮮和越南；隋煬帝大業六年，朝鮮的一位和尚——尚曇，又將這一工藝傳到了日本。之後，唐玄宗天寶十年，唐朝軍隊與阿拉伯大食國交戰，唐朝戰敗，被俘虜的士兵又將其傳到阿拉伯。再後來，造紙術又先後傳到了歐洲、美洲以及澳洲。

　　蔡倫發明的造紙術與火藥、指南針、印刷術並稱為中國古代四大發明，是中國對世界文明的巨大貢獻。而這位奇才巨匠也世世代代受到後人的稱頌。

張衡發明地動儀

　　張衡，出生於名門望族，他的祖父是當時的蜀郡太守張堪。小時候的張衡就善於做文章，精通五經，通曉六藝。他學識淵博，才華橫溢，不驕不躁，並不認為自己有什麼過人的才藝。相對於功名利祿，爭權奪利，他更喜歡過平靜、恬淡的生活。雖然有過多次做官發財的機會，都被張衡婉言謝絕了。

　　張衡最喜歡機械製作，尤其善於鑽研天文知識、陰陽之學和曆算。平時喜歡沉溺在揚雄的《太玄經》中。漢安帝向來聽說張衡對天文和陰陽很有研究，便由公車官署徵召，並授予張衡郎中官職，後來又晉升為太史令，專門研究日月星辰和天體運轉的規律。他在天文這方面頗有造詣，以此來平定四時，研發創制了用來觀測和計算天體位置的渾天儀，並撰寫了天文學巨著《靈憲》和網羅天地計算的《算罔論》。

　　漢順帝初年，張衡專心於自己的科研工作，不貪戀權貴，對於官僚之間的鉤心鬥角，爾虞我詐更是嗤之以鼻。他曾撰寫〈應間〉一文表明自己無心朝廷之事，以及不攀權貴的志向，請求辭去官職，一心搞科研，卻遭到順帝拒絕。

　　漢順帝陽嘉元年，張衡經過苦心鑽研，發明了測定風向和地震方位的侯風地動儀。這種儀器採用純銅鑄造而成，圓徑約一米，上面有隆起的圓蓋，看上去就像一個酒罇子，地動儀的外面刻著篆體文字和山、龜、鳥獸等圖形，儀體裡面立著一根很粗的銅擺柱，連結著朝向東、西、南、北、東南、東北、西南、西北八個方向的八根橫杆，附有機關樞紐，外部鑄著八條龍，分別朝著八個方向，每個龍頭都朝下，每條龍的嘴裡都銜著一個銅球，對應著每個龍頭下方鑄了八個蟾

蜍，它們各自張著嘴做出準備承接銅球的樣子。地動儀內部的每一個構件都非常巧妙地相互牽制著，起到了靈活傳動的作用，地動儀就好像一個酒罈子，這裡的每一個構件安裝得都十分隱蔽，蓋上外蓋以後，周圍緊密無縫。在地震發生時，地動儀內的銅擺柱會受到感應不斷地振動，觸擊任何一個方向的橫杆引動其它的構件的連鎖反應，觸動龍頭張開大嘴巴吐出銜著的銅球，落在下面蟾蜍的嘴裡，兩者相撞會發出巨響，聽到響聲，人們自然就知道發生地震了。某個方位發生地震的話，會使指著相應方向的那一條龍的機械發動，但是其它七條龍都不動，從嘴裡吐出銅球的那一個龍頭所指示的方向，就可測知到底是哪一個方向發生地震了。

　　事實也充分證明，實際地震的情況與地動儀上測得的地震情況幾乎沒有差距。當時國家政事日益敗壞，統治大權落在了外戚和宦官的手中。張衡向皇帝上奏，說成就大事之前必定會經歷一些磨難，皇上勤政愛民，受人敬仰。今朝廷發生叛亂，天下人事對立的格局未得解決，再加上災禍不斷，神靈雖遙遠，但是暗地相合的警戒就在眼前。施仁政方可賜福，造淫亂也可降禍，以德治天下，就會結出美好的果，堅持過錯便會帶來禍患。通往天堂的道路雖遙不可及，但吉祥和兇惡是可以看見的。上天用災異來警示人們，先前已經發生數次了，但朝廷一直都沒做出什麼改變，所以災禍才反覆出現。自然界不存在聖人，犯錯也是在所難免的。希望陛下可以再三考慮，不要給神靈留下把柄，禍及百姓。皇上的恩澤可以感動天地，如果事事都能依據禮制實行，禮節制度完善了，那奢侈越軌的事情就不會再發生了，事情做到合理相宜就不會再有什麼凶患過失了。然後神靈也會因為皇上對於天下的治理恰當，而災禍就不會再有了。」皇上欣然接受了張衡的建議，實行仁政，遵從勤政愛民的思想，果不其然，百姓安居樂業，國泰民安，風調雨順，就連戰禍也少了許多。

陽嘉元年，張衡任公車司馬令侍中，皇帝希望他可以到宮內任職，常伴自己左右，張衡接受了。由於張衡與世無爭，對於政事也有自己的一番見解，他主張的是以仁治天下，經常用含蓄的語言討論政事，同時給予暗示及勸告。皇帝曾經問過張衡對天下萬物有沒有什麼特別憎恨的事情，張衡淡淡一笑，跪安退下了。那些暗藏歹心的宦官們，整天擔心張衡會在皇上面前說自己的壞話，索性一個個都在皇上面前說他的壞話。張衡身處皇宮這個是非之地，自身安全不能保證，雖然認為吉和凶具有依賴轉換的關係，但是結果卻是難以預測。為了寄託自己的感情和志向，他撰寫了〈思玄賦〉。

漢順帝劉保永和初年，張衡被調到諸侯國河間作相。任職三年期間，百姓生活安逸，對政事處理得也很到位，雖然多次上書請求退休，皇上都未曾允准，被徵召回宮授以尚書之職，協助皇上管理文書。東漢永和四年張衡病逝，終年六十二歲。

張衡一生撰寫巨著數十本，比如《周官訓詁》等，研究、解釋《周易》時作過〈彖〉、〈象〉，但遺憾的是最終未能將其完成。他還著有〈靈憲〉、〈應間〉、〈七辯〉、〈巡誥〉、〈懸圖〉等詩、賦、銘、七言共三十二篇。這些巨著都保存了下來，可供後人學習。張衡，一代名家，為我們留下了寶貴的財富，值得後人敬仰和愛戴。

妙手回春的神醫華佗

　　華佗從小就同其它的小朋友不一樣，不管是從才智還是為人方面都比別人略勝一籌。華佗七歲的時候拜一個姓蔡的醫生做他的老師，因為蔡醫生的醫術高明，想要拜他為師的人不計其數。但是蔡醫生只想收一個智力超強、極具慧根的孩子為徒，於是他就對那些前來學醫的孩子進行了一場小測驗，見到華佗的時候，他讓華佗採下桑樹最高枝條上的葉子，前提是既能不用梯子作為工具，也不能夠爬上去。這該怎麼辦呢？正當眾人一籌莫展的時候，小華佗靈機一動，找來了一根繩子，然後在繩子上綁上一塊小石頭，使勁拋向最高的枝條，綁著石頭的繩子緊緊地套在了那個枝條上，他用勁一拽繩子，那根樹枝被壓下來了，一伸小手就把桑葉採了下來。碰巧院子裡有兩隻山羊正在打架，不管人們怎麼拉扯就是分不來，蔡醫生便讓華佗前去勸架，華佗順手從地上撿起了一撮綠油油的嫩草，扔給兩隻正在打架的山羊，這時候的山羊已經筋疲力盡，又餓又渴，完全顧不得打架，匆匆地跑去吃草了。見狀，蔡醫生笑了，他見小華佗聰明伶俐，甚是喜歡，就收他做了徒弟。此後，華佗一邊跟著師傅做臨床實踐工作，吸收了許多經驗，一邊認真研究《神農本草經》、《難經》等醫學方面的巨著，鑽研醫理，最後，終於成為了一位「神醫」。

　　華佗堪稱中國醫學史上的外科「鼻祖」。對於外科技術、人體解剖知識等都瞭若指掌，不僅如此，他還熟諳人體的骨骼、血脈、內臟器官的大小、位置、容量及其生理功能等。這些成果與他多年來的努力以及先天的慧根是分不開的。毫無疑問，華佗是一位出色的外科專家。

　　華佗在給病人進行外科手術的實踐過程中，親眼目睹病人在接受

治療時所承受的巨大痛苦。為了減輕患者的痛苦，他苦心鑽研，希望可以解決手術過程中的麻醉問題，他開始認真總結和探究古人的經驗。《神農本草經》中有記載說：「莨蒼子……多食可以使人神志不清，甚至發狂。」華佗反覆研究相關的醫書，慢慢地發現原來中藥也可以起到麻醉的作用。經過反覆的臨床實踐，華佗發明了一種麻醉劑，這種麻醉劑主要以曼陀羅為原料，叫「麻沸散」。

後來，華佗仔細觀察了人在喝醉酒以後慢慢進入沉睡時的狀態，逐漸瞭解到酒具有活血舒筋的療效，所以採用了用酒泡「麻沸散」的服藥法，從而達到使全身麻醉的目的。華佗運用全身麻醉法進行外科手術治療的方法，不僅是中國醫學史上的首創，而且在世界的外科手術史上也是首屈一指的。

華佗提倡「治未病」的預防思想，他反對單純的醫藥治療，而是提倡多鍛鍊，強身健體，增加免疫力，以達到防治疾病的效果。

華佗總結「熊經」、「鳥伸」等具體的操練姿態，精心研究前人的體育保健療法，並創造了「五禽戲」體操。

「五禽戲」主要以肢體各關節的運動，再結合呼吸運動和推拿的健身法，這是一種將運動與醫學療法相結合的保健運動。

經過六年的堅持和精心研究，華佗已將「五禽戲」療法的精髓吸收，自己受益匪淺。醫者自醫的道理大家都懂，華佗雖然年過半百卻依舊容光紅潤，步伐矯健，精力充沛，體質優良。

華佗的弟子們也遵從他的囑咐，學習「五禽戲」，且堅持每天做練習，個個身體強壯。

不僅如此，華佗還對發疹、虛脫、呼吸困難、神志不清等病症，曾有過記述。這些重要記述作為診病預防的重要依據，直到今天，它的價值仍非常重要。

此外，華佗還開創瞭望、聞、問、切的確診方法，這種療法它要

求對症下藥，因病而異，療效顯著。直至今日，望、聞、問、切的療法依然被人們所推崇。

華佗治病手段千奇百怪，他最擅長的是用湯藥、針灸、水療、放血、刮痧等方法，這些技術也被世人繼承下來。華佗的針法高明，技藝也相當純熟，而且善於創新，經過反覆臨床實踐，反覆斟酌挑選最有效的穴位針刺，最後將其用到病患的身上，雖然扎針不多，卻可以讓病人收到良好的效果。

華佗除了經常拜師學醫外，為了掌握藥的性能和藥力，還經常獨自一人上山採藥，冒險試藥。然後確定方劑、定藥量。經過長時間的醫療實踐，華佗細心觀察和搜集在民間流傳的許多寶貴的醫學方面的經驗和方劑，他的許多妙方良藥都是從民間獲取的。比如說華佗在治療寄生蟲病時所用的蒜汁調醋療法，就來自於民間。長期和藥材打交道，華佗的抓藥技巧也堪稱一絕，可以做到「心識分銖，不假稱量」。

華佗一生行醫問藥，愛惜百姓，關心百姓疾苦，出診前從來都不講條件，不管是白天還是黑夜，不論是酷暑還是嚴寒，從來都是隨請隨到。一生中曾經有很多發大財的機會，都被他拒絕了。在他看來，解救百姓才是他最大的樂趣，他不貪求榮華富貴，也不圖功名利祿，寧願一輩子清苦平淡。西元一九六年，曹操統一了中國北部，勢力越來越強大，成為北方的最高統治者。就是這樣一方霸主，長時間的操勞，再加上沒有時間調理，患上了頭風，每次發作的時候都會頭昏眼花，痛苦難耐，多年尋醫問藥，都不見療效。曹操聽聞華佗的醫術很高，就派人不遠千里來請華佗為他看病，令曹操驚訝的是，這頑疾竟然被華佗幾根針就輕鬆搞定了，曹操很是高興。心想：「如果再發作，我該怎麼辦？不如把他留在自己的身邊，這樣就萬事大吉了。」於是他自私地將華佗留在了身邊，只為他一個人看病。華佗長期在民

間行醫問藥，突然只為一個人看病，還被困在這深牆大院中，華佗心中苦悶極了。於是華佗打著「求藥取方」的幌子，請求曹操可以讓他回一次家，曹操答應了。

回到家中，華佗百感交集，他再也不想回到那個牢籠了。一個月很快就過去了，華佗便假借妻子患病，寫了一封信請求曹操可以准予續假。此後他又寫了好多次請求續假的信，曹操見事情不妙，命令他立刻回許城，並威脅華佗如果再不回來，就會下令將他入獄。

華佗生性剛烈，稟性倔強，不向權勢低頭，不為威武所屈。遇到曹操這樣蠻橫自私的人，更是不聽從曹操的勸告，不遵從曹操的意願。這一點讓曹操大怒，想要殺死華佗，雖有人極力勸諫，但曹操根本就不聽別人的一再勸諫，在西元二〇八年，下令處死了華佗，一代名醫就此隕落了。華佗沒有留下任何巨著，他的許多偉大的發現也從此失傳，這是中國醫學史上的一大損失。

華佗作為一代名醫，人們在心裡懷念和稱頌他。現今的安徽亳縣也就是華佗生前住的地方修建了華莊和華祖廟，在江蘇省徐州市建有華祖廟和華佗墓，還有墓碑，石供桌和石獸等，直到現在華佗墓和華祖廟等建築都完好無損，足見華佗在人們心目中的地位。

參考文獻

杜尚俠　正說漢朝二十四帝　上海市　中華書局　2005年

喬繼堂　中國名臣全傳　北京市　中國社會科學出版社　2006年

李曉麗　中國名臣全傳　北京市　中國社會科學出版社　2006年

解力夫　正說中國歷代開國皇帝　北京市　新華出版社　2009年

方華文　中國文壇名人　合肥市　安徽科學技術出版社　2010年

姜若木　漢朝那些人事兒　北京市　西苑出版社　2010年

韓建華　中國歷史探秘　北京市　海潮出版社　2010年

納蘭秋　漢朝其實挺有趣兒　北京市　石油工業出版社　2011年

昌明文庫・悅讀人物　A0603012

細說漢朝風雲人物

編　　著	曹金洪
責任編輯	蔡雅如
發 行 人	陳滿銘
總 經 理	梁錦興
總 編 輯	陳滿銘
副總編輯	張晏瑞
編 輯 所	萬卷樓圖書股份有限公司
排　　版	百思威信息技術有限公司
印　　刷	百通科技股份有限公司
封面設計	曾詠霓

出　　版　昌明文化有限公司

桃園市龜山區中原街 32 號

電話　(02)23216565

發　　行　萬卷樓圖書股份有限公司

臺北市羅斯福路二段 41 號 6 樓之 3

電話　(02)23216565

傳真　(02)23218698

電郵　SERVICE@WANJUAN.COM.TW

大陸經銷

廈門外圖臺灣書店有限公司

電郵　JKB188@188.COM

ISBN 978-986-93560-8-4

2016 年 9 月初版

定價：新臺幣 380 元

如何購買本書：

1. 劃撥購書，請透過以下郵政劃撥帳號：

　　帳號：15624015

　　戶名：萬卷樓圖書股份有限公司

2. 轉帳購書，請透過以下帳戶

　　合作金庫銀行　古亭分行

　　戶名：萬卷樓圖書股份有限公司

　　帳號：0877717092596

3. 網路購書，請透過萬卷樓網站

　　網址　WWW.WANJUAN.COM.TW

大量購書，請直接聯繫我們，將有專人為您

服務。客服：(02)23216565 分機 10

如有缺頁、破損或裝訂錯誤，請寄回更換

國家圖書館出版品預行編目資料

細說漢朝風雲人物 / 曹金洪編著. -- 初版. --

桃園市：昌明文化出版；臺北市：萬卷樓

發行, 2016.09　　面；　　公分. -- (昌明文庫.

悅讀人物)

ISBN 978-986-93560-8-4(平裝)

1.傳記 2.漢代

782.12　　　　　　　　　　　　105018320

本著作物經廈門墨客知識產權代理有限公司代理，由中國紡織出版社授權萬卷樓圖書

股份有限公司出版、發行中文繁體字版版權。